Erwan Balança

CUISINER DANS LES BOIS

ulmer

Installé devant mon abri de fortune, sur le billot qui empêche le feu de s'étendre jusqu'à ma couchette, j'examine un filet de perche qui dore sur une pierre brûlante. Au-dessus des flammes, suspendue à une perche, ma popote de fer au couvercle légèrement entrouvert laisse échapper des bouffées de vapeur blanche qui répandent un arôme délicieux. Le tout se résume à si peu et pourtant, il y a là de quoi rendre un homme heureux. Envolés, les soucis… à l'exception d'un seul pour le moment : celui d'empêcher le contenu d'attacher au fond de la popote.

Dans cet ouvrage, je partage mon expérience et ma passion de la cuisine dans la nature. Cette expérience de terrain a commencé dans mon enfance. J'ai la chance de passer beaucoup de temps dehors pour mon métier de photographe animalier. Le reste de ma vie se partage entre bivouacs, canoë, pêche, cueillette de champignons et bien sûr cuisine, car j'ai toujours aimé cuisiner et manger. Quand je ne cherche pas un animal avec mes jumelles, ou que je ne l'attends pas dans un affût, j'aime préparer à manger. Mon mode de vie a certainement été guidé par le fait d'avoir un grand-père bûcheron, passionné de pêche, de jardinage, de cueillette de champignons et d'un père cuisinier. J'ai grandi et ai toujours vécu à la campagne : notre jardin fournissait les légumes que nous consommions, j'ai toujours attrapé des poissons et aimé les préparer. Depuis toujours, j'accorde beaucoup d'importance à ce que je mange et à la qualité de ce qui compose mes repas.

Le fait de passer plusieurs jours, voire plusieurs semaines dans la nature ne signifie pas qu'il faille se limiter à une nourriture de survie. Il est tout à fait possible de cuisiner des plats savoureux et offrant un réel plaisir gustatif sur le terrain, même avec peu de choses. Pour moi, un repas pris et préparé dehors offre plus de saveur. Est-ce la présence d'un somptueux paysage, le vent qui fait bruisser les feuilles ou le feu de camp… ou le sentiment d'être à la bonne place (souvenir d'une vie antérieure) ?

Cuisiner dans la nature me paraît naturel et m'apporte un plaisir sans cesse renouvelé. Quel bonheur d'être seul au cœur d'une forêt, les fesses posées sur un tapis de mousse et de déguster un carpaccio de cèpes juste cueillis. J'aime ce moment de répit après une journée en canoë, à pagayer et animer un leurre, où, assis près d'un feu, je fais griller la prise du jour. Cuisiner dans la nature est relativement simple si on connaît quelques techniques de base et si on utilise le bon matériel. Chaque situation est unique et en fonction du lieu, des conditions météo, des produits utilisés et aussi de celui qui cuisine, le résultat sera différent. L'idée de ce livre est de donner les bases de ce que j'appelle « la cuisine du dehors ». Ensuite, il n'y a d'autres limites que celles que l'on s'impose.

Cet ouvrage sera utile aux randonneurs, pêcheurs, chasseurs, aventuriers, marins, bûcherons, naturalistes, qui ont envie de passer des moments agréables dans la nature — dont celui de s'installer devant un bon repas.

SOMMAIRE

AVANT DE PARTIR 14

Le matériel 14
Les produits alimentaires à emporter 38

SUR PLACE 46

L'eau 46
Le feu 48
Manger ce que la nature nous offre 54
L'hygiène sur le terrain 63
Gérer ses déchets et laisser le lieu propre 66

RECETTES

Poissons & crustacés 70
- Poisson mariné 72
- Gravlax 76
- Rillettes de rouget grondin 80
- Crevettes, ail, gingembre & aneth 84
- Seiches façon japonaise 86
- Moules fumées au foin 92
- Filet de truite cuit & fumé sur planche 94
- Filet de rouget ou de maquereau sur pierre 98
- Soupe de « déchets » de poisson 104
- Poissons en tronçons 106

Légumes 110
- Poireaux à la braise 112
- Légumes grillés dans les flammes 114
- Châtaignes au romarin 118
- Curry de légumes 120
- Carpaccio de cèpes 124
- Omelette aux riz, oignons roses & orties 126
- Omelette aux asters 128
- Tofu grillé fumé aux amandes & herbes 130
- Soupe de coulemelles à la poêle 134
- Soupe cuisson rapide 136
- La « trapiflette » 138

Viandes 140
- Pièce de bœuf cuite sur la braise 142
- Poitrine fumée ou morceaux de viande sur pique de bois 144
- La cuisse à la ficelle 146
- Bœuf jerky 148
- Caille rôtie au romarin en papillote 152
- Pigeon grillé en crapaudine 154
- Petit salé aux lentilles 156
- Omelette piperade-chorizo 158

Sucré 160
- Bananes grillées au gingembre, noix & noisettes torréfiées 162
- Pancakes à agrémenter de petits fruits 164
- Tartine chaude de pain d'épice & figues 168
- Flan de fruits rouges 170
- Poire au chocolat en papillote 174
- Bananes en robe des champs 176
- Cassolette de galettes & figues 180
- Pain perdu, sauf pour moi 182
- La banique 184

Les bonnes adresses 188
Remerciements 189

AVANT DE PARTIR

La réussite d'un séjour dans la nature se joue souvent avant le départ, la préparation est essentielle. Le choix de ce qu'il faut emporter dépend de la durée du séjour, de la saison, et bien sûr, du mode de transport : on ne prend pas le même poids de matériel pour une randonnée à pied d'un week-end ou pour 10 jours en autonomie en kayak.

LE MATÉRIEL

Quand on part dans la nature, on est limité par ce que l'on peut emporter et il ne s'agit pas d'empiler des équipements au cas où. L'important est d'avoir le matériel en adéquation avec ses véritables besoins. Il doit être simple et fiable, d'autant plus si le séjour dans la nature est de longue durée. Si chez soi un ustensile qui lâche est facile à remplacer, quand on est loin de tout, cela peut devenir un réel souci. Bien sûr, il faut éviter tout matériel trop spécifique, destiné à une unique utilisation. Un outil polyvalent est toujours plus utile. La grille qui permet de coincer des poissons pour les faire cuire sur la braise aura un usage limité, alors qu'une simple grille permettra de faire cuire des poissons de toutes tailles, mais aussi de la viande, des légumes, du pain. Plus un outil ou un ustensile est simple, plus les risques de casse sont limités et plus il est facile de le réparer.

Il faut choisir judicieusement son équipement, qui devra être adapté aux conditions que l'on va rencontrer, mais aussi au nombre de participants. Si je pars seul et que je dois porter mon équipement, je limite le poids au maximum : un morceau de grillage fera office de grill, un morceau de papier aluminium servira à cuire en papillote dans la braise. Seul mais sans portage, je prends une petite popote, ou une poêle, suffisamment grande pour y préparer des légumes, des féculents mais

aussi un morceau de poisson. Mais si nous partons à plusieurs, je prends un plus grand contenant permettant de faire un plat collectif pour 5 ou 6 personnes. Une marmite en fonte aura certainement sa place. Il y a une grande différence entre partir seul, et devoir être autonome plusieurs jours avec uniquement son dos pour porter tout son équipement, et partir une journée avec des amis avec pour objectif de se faire un bon repas dans la nature. Il faut faire attention à ne pas avoir d'objets en doublon, le couvercle de certaines marmites pouvant servir de poêle, une gourde ou une bouteille en acier pouvant remplacer une bouilloire. Il faut être inventif et malin pour trouver des solutions permettant d'économiser le matériel et le poids.

COUPER

Le couteau, meilleur ami de l'homme des bois

Si je ne dois prendre qu'un objet avec moi pour partir plusieurs jours, c'est sans hésiter un couteau. J'avais 7 ans quand mon père m'a offert mon premier couteau : un couteau pliant, manche blanc en bakélite et aiguisé avec soin. À l'époque, quelques tantes s'étaient offusquées : quelle idée de donner un couteau aussi tranchant à un enfant de cet âge ! Leurs enfants du même âge ne coupaient pas seuls leur viande. Mon père était un homme prudent et avisé, qui avait lui-même grandi entre des scies, des haches et d'autres outils tranchants de son père bûcheron. Il avait tous ses doigts et connaissait les règles de base quand on utilise une lame : « ne jamais courir avec un couteau en main, ne jamais trancher vers soi... ». Je me suis rarement coupé avec un couteau. Pourtant cet outil m'est indispensable et ne me quitte pas.

Bien choisir son couteau

Chez moi, dans ma cuisine, je possède une belle série de couteaux de cuisine, chacun possédant une taille et une lame adaptée à des utilisations très précises. Mais lors de mes déplacements, je me contente d'un ou deux modèles qui devront tout faire : un couteau à lame fixe qui convient aux différentes tâches du cuisinier et un autre capable de répondre aux besoins des différentes activités en extérieur. Ce dernier doit permettre de réaliser les tâches précises et classiques de la cuisine (éplucher des fruits et des légumes, trancher finement un oignon ou une tête d'ail, nettoyer des champignons, mais aussi vider et découper un poisson avec les mains mouillées) et des tâches rarement rencontrées dans une cuisine classique : bâtonner (refendre des petites bûches dans la longueur pour allumer un feu), ébrancher, trancher divers matériaux comme une bâche ou une corde : il faut donc un couteau avec une lame tranchante, suffisamment épaisse pour pouvoir effectuer des actions en force, mais qui reste maniable et permet de réaliser des opérations précises. Pour moi, la lame idéale mesure une douzaine de centimètres maximum. Mais c'est personnel : tout dépend de la taille de la main de l'utilisateur et de ses goûts.

Dans une cuisine, chaque cuisinier a ses propres couteaux. Certains ne jurent que par des lames courtes, d'autres utilisent uniquement de longues lames. Le choix du format de son couteau de bivouac, de la longueur de la lame, est donc une affaire personnelle. Il est intéressant avant l'achat de pouvoir tenir le couteau en main, de bien le sentir ; il doit se positionner au creux de la paume naturellement et ne pas glisser. Il est important que le manche tienne bien dans la main même humide, mais sans être trop encombrant et qu'il permette des manipulations précises. Avant de l'acheter, l'idéal est de pouvoir l'utiliser pour accomplir quelques tâches comme éplucher une pomme, émincer ou ciseler un oignon, couper une branche verte.

La mode est au couteau type survie, souvent avec un look agressif, destiné en général davantage à faire fantasmer que pour une réelle utilisation sur le terrain.

Conserver le tranchant de ses couteaux

Il est indispensable de partir avec un couteau bien aiguisé. Si on en prend soin, le tranchant de la lame dure le temps de l'escapade.

Un couteau émoussé est non seulement inefficace, car il déchire ou écrase les aliments, mais il est source d'accidents : pour compenser le manque de tranchant, il faut forcer sur le couteau et cela augmente les risques de coupures.

Prendre soin de son couteau est important ! Même un modèle robuste et fiable n'est pas prévu pour faire n'importe quoi. Un couteau n'est pas un tournevis : pour conserver sa pointe, il ne faut pas le piquer dans un support dur et faire un mouvement de rotation. On n'utilise pas un couteau classique pour ouvrir des huîtres.

Pour conserver le tranchant du couteau, il faut l'utiliser sur un support adapté. Il n'est pas question de se charger en emportant une planche à découper ; j'ai longtemps utilisé une vieille assiette de camping en plastique datant des années 70, qui faisait office de planche à découper et d'assiette. En bord de mer, on peut utiliser un morceau de planche trouvé sur le rivage (voir page 18), mais le plus souvent j'utilise une grosse branche dans laquelle je taille à la hache une zone plate, d'environ 10/15 cm par 20/30 cm.

Lorsque je pars avec mon canoë, je prends deux pagaies, dont une de secours assez rustique, taillée dans une planche. Modèle simple et robuste, elle me sert de planche à découper et de plat de « service ». Un couvercle de caisse en bois ou en plastique peut aussi être un support intéressant.

LES RÈGLES DE SÉCURITÉ

La règle de base quand on est dehors, surtout si on est seul, est de ne pas se blesser. On doit être plus prudent qu'à la maison car tout est plus compliqué. Une blessure avec un couteau sur la main ou les doigts peut affecter la motricité fine. L'utilisation d'un couteau, et de tout outil tranchant, nécessite quelques règles de prudence.

- *Il faut veiller, quand on utilise un couteau, à agir en conscience :* ne pas se précipiter, être calme, éviter de faire plusieurs choses en même temps, de discuter avec un compagnon, de regarder ailleurs, et bien sûr sans avoir bu d'alcool.
- *Il faut toujours réfléchir à la trajectoire de la lame et diriger le couteau vers l'extérieur.* Ne pas mettre un doigt, une cuisse, une main dans le sens du mouvement. Un couteau peut facilement déraper et partir plus loin que prévu ; si rien n'est dans sa trajectoire, cela évite de s'entailler la chair.
- *Veiller aussi à toujours utiliser le couteau sur un support stable.*
- *Une fois le couteau utilisé, il faut le ranger et le placer en lieu sûr.* Un couteau posé sur le sol devient dangereux pour le pied ou la main qui vient se poser imprudemment sur la lame. Un couteau ne doit pas être planté dans le sol, cela abîme le tranchant, voire la lame, et représente un danger. Les mêmes règles s'appliquent pour une hache et une scie.

Pratique et esthétique
Un étui, et la possibilité de porter son couteau à la ceinture, permet de l'avoir toujours à portée de main.

Si comme moi, on est sensible à la beauté des objets, l'esthétisme est aussi un élément à prendre en compte quand on choisit son « compagnon d'aventure ». Certes il existe des modèles robustes et efficaces avec un manche en plastique qui feront parfaitement l'affaire mais ce sont des objets sans résonance émotionnelle. Pour ceux qui sont sensibles à la beauté d'un objet, à son histoire, utiliser un beau couteau est source de plaisir. S'il est bien entretenu, il durera des années et vous accompagnera longtemps dans vos aventures.

Je possède depuis des années un couteau avec un manche en morta (bois fossilisé de 5 000 ans), réalisé par un coutelier français, Jean-Henri Pagnon, basé en Loire-Atlantique. Il y a quelques mois, nous avons collaboré pour réaliser un couteau qui correspondait à mon « cahier des charges »: un couteau robuste mais maniable pour vivre et cuisiner dehors: le « Trappeur ». Il allie efficacité, robustesse et esthétisme.

J'utilise aussi beaucoup un couteau fixe, « Brut de forge compact », un modèle plus petit et donc moins puissant que le « Trappeur ». Il est parfait pour réaliser des découpes plus fines.

La scie

La scie sera utile si on veut cuisiner au feu de bois. Elle permet de couper plus efficacement et rapidement qu'un couteau des branches mortes, des bûches... Les scies pliantes ou démontables sont les plus faciles à transporter. On en trouve pour un prix raisonnable dans les magasins de jardinage et de bricolage. Les lames peuvent être remplacées et leur efficacité redoutable. Il est aussi possible d'acheter une lame dans le commerce et de se fabriquer une scie soi-même.

SCIER EFFICACEMENT

Pour être efficace, il ne faut pas forcer, ne pas exercer de pression sur la scie et la laisser travailler. Il faut un angle d'environ 45 degrés entre la lame et le bois. La scie dirigée vers le bas, il suffit de faire glisser les dents sur la zone à couper en utilisant toute la longueur de la lame.
L'astuce quand on coupe du bois, plus particulièrement des branches, avec une scie (mais aussi avec une tronçonneuse), est de ne pas coincer la lame dans le bois. Il faut que la partie à couper pende et ouvre la fente créée par la scie.

Depuis des années, j'utilise une scie à cadre démontable, taillée dans 3 morceaux de chêne, tendus par une paracorde, qui m'accompagne partout. C'est une copie (taille réduite) d'un modèle datant de plus d'un siècle appartenant à mon grand-père. Sa conception est très simple. Si on est adroit, on peut emporter uniquement la lame, un peu de cordelette et un couteau, et fabriquer la scie sur le terrain avec quelques morceaux de bois.

CUIRE

Les grilles

Il existe une multitude de grilles pour faire cuire des aliments sur le feu. Il faudra choisir un modèle robuste et peu encombrant. J'évite les modèles « doubles grilles », car elles sont plus lourdes et plus encombrantes et ont tendance à écraser les aliments trop épais coincés entre les deux parties de la grille.

On peut facilement et économiquement fabriquer une grille à ses dimensions en découpant une vieille grille de four. En voyage, il m'est arrivé d'improviser des grilles avec un morceau de grillage à mouton replié sur lui-même. Les grillages sont des solutions de dépannage assez efficaces, mais il faut bien sûr s'assurer qu'ils ne sont pas enduits de peinture ou d'autres composants toxiques.

Pour nettoyer la grille, il faut la laisser dans les flammes du feu pour brûler les graisses et autres impuretés. Ensuite, il suffit de l'essuyer avec des herbes ou des feuilles ou un morceau de tissu.

Les grilles avec un manche sont assez pratiques : on peut saisir et manipuler la grille quand elle est sur le feu sans avoir besoin d'outil, à condition d'avoir veillé à laisser le manche hors des flammes ou de la chaleur. L'idéal pour limiter l'encombrement est un manche qui se plie sur la grille. On peut facilement bricoler un manche pliable avec un morceau de fil de fer solide : on lui donne une forme de U allongé et on fixe les extrémités sur la grille. Ne pas trop serrer, laisser assez de place pour pouvoir rabattre le manche sur la grille quand elle n'est pas utilisée. Il faut aussi fixer le manche de façon que la bascule ne se fasse que d'un côté de la grille, l'autre côté étant bloqué sur la grille.

De la corde type paracorde, une petite chaîne ou même du fil de fer permet de suspendre bouilloire et gamelle au-dessus du feu. Couper une branche d'environ 1,20 m (longueur d'un manche à balai), tailler en pointe l'une des extrémités de la branche et attacher la corde ou la chaîne à l'autre extrémité. Si vous n'êtes pas un spécialiste des nœuds, le plus simple est de faire 3 ou 4 tours morts avec la corde autour de la branche puis 3 ou 4 demi-clés. Pour terminer, il faut la planter solidement dans le sol selon un angle de 45 degrés, la corde ou la chaîne doit être au-dessus du feu.

SAISIR N'EST PAS FRIRE

Pour saisir, il faut soumettre les aliments à une forte température dès le début de cuisson. Se forme alors une croûte, la surface de l'aliment caramélise. Cette caramélisation est due à la réduction des sucs contenus dans les aliments (réaction de Maillard), elle va donner un goût délicieux aux aliments. Pour frire, on verse de la matière grasse (beurre ou huile), on chauffe et on y dépose les aliments. Le résultat n'est pas le même d'un point de vue gustatif, mais l'avantage de mettre un corps gras (pas besoin de mettre 1 litre d'huile !), c'est d'éviter que les aliments ne collent au fond et de simplifier le nettoyage de la poêle.

Le papier aluminium

Peu encombrant, peu coûteux, il est idéal pour remplacer une poêle, faire des paillotes et cuire à l'étouffée.

La poêle

Il faut choisir *un modèle robuste*, capable de durer dans le temps malgré une utilisation « agressive ». Une seule poêle devra tout faire et être capable de supporter tous les types de feu. Le feu de bois est une source de chaleur puissante, idéale pour saisir les aliments mais qui peut abîmer une poêle « ordinaire » et légère. Le fer et l'acier, ainsi que le cuivre et la fonte, sont des matériaux ayant une bonne conductibilité de température et transmettront rapidement la chaleur sur toute la surface de la poêle. Pour cuisiner une viande, un poisson, des pommes de terre, une omelette, des œufs au plat ou des crêpes, on obtient facilement un résultat digne d'un chef.

Les modèles avec un revêtement ne sont pas assez robustes pour une utilisation intensive en extérieur.

* *Une poêle en tôle d'acier* est idéale pour cuisiner sur un feu ouvert. Elle peut être utilisée directement au-dessus des flammes du feu de camp, d'un réchaud à bois, sur une grille ou sur une plaque de cuisson à gaz. Elle demande

à être culottée : il suffit de la faire chauffer avec le fond recouvert d'une bonne couche d'huile alimentaire à chaque utilisation. Un peu d'entretien est nécessaire pour ce matériau afin d'éviter la rouille : après chaque utilisation, la poêle doit être nettoyée — un coup de chiffon suffit en général. Si elle est vraiment sale, l'idéal est de verser de l'eau chaude dans la poêle, la remettre sur le feu, en frottant la saleté avec une spatule ou un morceau de bois. Pour finir, bien l'essuyer avec un torchon, et huiler légèrement les deux faces de la poêle. Je garde la poêle légèrement huilée en permanence et de retour chez moi, je la range dans un endroit sec pour éviter la corrosion.

* L'idéal est *un manche en bois amovible.* Le bois permet de la manipuler sans risque de brûlure. Si on ne veut pas le brûler, il faut faire attention de ne pas le mettre trop près du feu. Un manche amovible facilite le rangement et le transport et s'il est abîmé, il est facile d'en fabriquer un nouveau, taillé dans une branche.

* *La fonte* est la matière que je trouve la plus adaptée pour cuisiner sur le feu de bois. Seul son poids limite son utilisation. Si l'on randonne avec tout son matériel dans le sac à dos, mieux vaut oublier la fonte, très lourde ! Les poêles, les moules et les marmites en fonte sont robustes et durables et résistent au feu. Ils offrent la possibilité de cuire, de rôtir, de braiser : de vraiment cuisiner sur le feu de bois. Ce matériau a d'excellentes propriétés de conductivité thermique et permet des cuissons uniformes. Les ustensiles en fonte font merveille pour la cuisson des plats mijotés et permettent de les garder chauds longtemps, même hors du feu ou par une journée froide, donc sans avoir besoin d'être surveillés.

La fonte sera donc à étudier si vous voulez beaucoup cuisiner sur le feu de bois et si vous n'avez pas de contraintes de poids. Quand je pars en canoë pour plusieurs jours avec des amis, j'emporte ma marmite en fonte ! D'une contenance de 3,5 litres, elle permet de cuisiner pour 4 ou 5 personnes. Son couvercle peut faire office de poêle, ce qui fait un ustensile en moins à emporter... mais pèse presque 7 kg ! La marmite en fonte pourra aussi être utilisée chez soi car elle peut aller au four.

La marque Petromaxa fabrique une ingénieuse « rôtissoire à pommes de terre » en fonte. La rôtissoire se compose de deux parties cylindriques avec un système de fermeture à bascule, qui se verrouille. L'association de la fonte et de sa forme arrondie permet de redistribuer la chaleur de manière optimale : c'est un véritable four portatif (tout est relatif : l'objet pèse 4 kg). Elle permet de cuire des pommes de terre en robe des champs comme l'a prévu le fabricant mais les recettes sont illimitées ! Poissons, viandes, gratins, plats en sauce, mais aussi du pain et des gâteaux.

Un des avantages de la rôtissoire est de ne pas avoir à attendre la formation de braise ! On allume un feu, on place la rôtissoire au cœur des flammes et elle chauffe et cuit les aliments. En ouvrant la rôtissoire, on fait sortir de l'humidité, on peut la faire chauffer puis la laisser hors du feu ; elle restera chaude très longtemps, permettant de garder chauds ou de faire mijoter des plats. Elle convient pour 2 personnes.

MANGER ET BOIRE

La popote

Elle fait partie de l'équipement de tous mes bivouacs. Elle permet de cuire, de faire mijoter les aliments mais aussi de faire chauffer de l'eau pour les boissons chaudes (café et thé). Je l'utilise pour faire une « toilette de chat » chaude en hiver. Là encore, choisir un modèle simple, solide et efficace. Je ne suis pas un adepte des « ensembles » de cuisine proposés par certaines marques car certains éléments de l'ensemble ne servent pas ou très rarement. L'idée est de se limiter à l'essentiel et de ne pas transporter du matériel superflu.

Si on utilise uniquement un réchaud pour chauffer la popote, privilégier une matière qui chauffe vite, pour ne pas utiliser trop de combustible. Quand je pars, j'utilise souvent plusieurs sources de chaleur. Je préfère donc un modèle polyvalent et capable de supporter le feu de bois pendant de longs temps de cuisson.

* *Les popotes en acier inoxydable* résistent à une utilisation intensive même au cœur des flammes et supportent aussi un lavage agressif avec du sable. Quand le contenu de ma popote a collé et/ou brûlé au fond, je la laisse tremper toute la nuit. Si cela ne suffit pas, je la nettoie énergiquement en la frottant avec du sable ou du gravier (prélevé au fond du plan d'eau ou sur les berges) et de l'eau. Cette technique est redoutable d'efficacité mais ne peut être pratiquée qu'avec des modèles robustes. L'acier inoxydable est l'un des matériaux les moins onéreux, mais il est lourd.

Si le poids est le critère essentiel, il faut choisir une popote plus légère en *aluminium*, voire en aluminium avec un revêtement antiadhésif. Mais ces modèles sont moins résistants et supportent moins bien une cuisson longue sur une source de chaleur comme un feu de bois. Ils sont plus prévus pour faire chauffer de l'eau destinée aux plats lyophilisés, et surtout pas nettoyés au sable de la rivière.

* *Les popotes en titane* sont légères et solides mais beaucoup plus chers.

Pour une utilisation sur le feu de bois, où généralement la chaleur irradie, un modèle avec un long manche aura l'avantage de moins chauffer à son extrémité. Il sera possible de le prendre à main nue sans risques de brûlures (si le manche a été dirigé vers l'extérieur du feu !).

* *La popote doit posséder un couvercle*, qui permet de chauffer plus rapidement son contenu, de faire mijoter sans dessécher, et fera aussi office d'égouttoir. Il faut tenir d'une main le manche de la popote et de l'autre, le couvercle avec un espace de quelques millimètres pour évacuer l'eau de cuisson des pâtes ou du riz.

Un couvercle pouvant être verrouillé permettra de transporter les aliments et d'utiliser la popote comme boîte alimentaire. Cela sécurise son contenu pendant la nuit et évite que les rats ou autres hérissons gourmands ne le vole.

* *La taille de la popote*: si on n'a pas de contrainte de place, l'idéal est d'avoir une popote un peu plus grande car cela limite les risques

CONSEIL PRATIQUE

Avoir deux contenants: l'un uniquement pour faire chauffer l'eau des cafés, thés et soupes, qui n'aura jamais besoin d'être lavé, et le second pour la cuisine, qui ne servira jamais à faire chauffer l'eau, ce qui vous évitera de boire du thé au parfum soupe de tomates...
L'idéal est que ces contenants ne soient pas de taille identique, et que l'un se range dans l'autre, pour limiter l'encombrement.

de débordement lors de la cuisson et permet de touiller énergiquement sans risques d'éclaboussures. Un modèle de 1,6 litre (diamètre de 15/20 cm) est très polyvalent et sera parfait pour deux, voire trois personnes. C'est souvent celui que j'utilise quand je suis seul — mais une contenance de 0,75 litre suffirait.

La popote peut aussi servir de contenant : y manger évite de transporter une ou des assiettes. En revanche, elle ne peut pas remplacer une tasse ou un bol car les bords bouillants risqueraient de brûler.

J'utilise le modèle « Alpine Stowaway », de la marque MSR, en deux tailles, depuis des années. Rayées, noircies et cabossées, elles sont toujours opérationnelles !

Vous pouvez utiliser la popote directement au-dessus de votre feu de camp, votre réchaud à bois, sur une grille ou sur votre plaque de cuisson à gaz.

Assiettes, bols et tasses

Pour ces contenants, les matériaux les plus classiques sont le plastique, l'aluminium, l'acier inoxydable, le bois, les matières composites à base de fibres de cellulose et l'émail.

* L'avantage de l'*acier inoxydable* est sa robustesse et sa polyvalence. Certains modèles sont fournis avec un manche amovible et peuvent servir de poêle. Si on n'a pas de manche, ou pas envie de se charger avec un accessoire à usage unique, on peut aussi utiliser un morceau de tissu ou un couteau pince pour les manipuler.

* *Les assiettes en aluminium, en titane et en plastique* sont les plus légères. L'assiette en plastique, si on ne craint pas de la rayer, peut aussi faire office de planche à découper. Agréables à utiliser et solides, les assiettes en *émail,* bien qu'un peu plus lourdes, sont un bon choix si on n'a pas de contrainte de poids. La surface résiste à la chaleur et aux rayures, et se nettoie facilement. L'émail

possède de nombreuses propriétés pratiques se trouvant dans les assiettes Petromax. Le mélange en verre et en acier rend les assiettes particulièrement solides et robustes. Ces assiettes ne peuvent pas se corroder et leur couleur résiste à la décoloration : un grand plaisir pour une vie en plein air ! Si on ne doit partir qu'avec une seule assiette « à tout faire », privilégier un modèle suffisamment grand et profond pour pouvoir contenir des aliments solides et liquides.

* *Pour les bols et les tasses,* les caractéristiques des matériaux auront la même importance que pour l'assiette. Évidemment, il ne faut pas emmener un set complet de vaisselle, surtout si on est limité par le poids.

Il faut choisir un ustensile ou un autre : un bol pourra faire office de tasse à café ou à thé, et est plus adapté pour boire une soupe ou une préparation semi-liquide qu'une tasse. Si l'on part seul et que l'on mange directement dans la popote ou la poêle, il n'y aura peut-être pas besoin d'assiette.

Les couverts

Le but est de faire simple, efficace et agréable. Dans le commerce, il existe toutes sortes de couverts de camping, souvent en matière plastique ou synthétique. Ces matériaux ont l'avantage d'être légers et conviendront pour la randonnée (ou toute autre activité où il faut porter son équipement), mais ils ne sont pas d'une grande solidité, craignent la flamme et ne sont pas très agréables en bouche. Les matières les plus solides et les plus légères sont l'acier inoxydable et bien sûr, le titanium.

J'utilise depuis des années des anciens couverts de table, dont j'ai coupé un morceau du manche pour en limiter l'encombrement.

Choisir une taille compacte permet de loger facilement les couverts dans une popote ou une lunch box.

Les « couteaux couverts », du genre « couteau suisse » (avec cuillère et fourchette intégrées), sont peu pratiques car on a besoin de refermer la fourchette pour couper avec la lame et inversement. De plus, c'est très difficile de bien le laver car la nourriture se coince dans tous les petits mécanismes. Idem avec les couverts pliants ayant une articulation au milieu. J'ai essayé à plusieurs reprises la cuillère à l'extrémité découpée en quatre petites dents pour faire office de fourchette (la « georgette ») : c'est un bel objet avec beaucoup de charme car il rappelle la patte d'un animal, mais les dents sont trop courtes pour réellement faire office de fourchette et la cuillère, pas assez creuse pour remplacer une cuillère à soupe.

Pour être vraiment efficace, le mieux est une grande cuillère, une fourchette et un couteau (voir le texte sur le choix du couteau, page 17). Évitez les gadgets et privilégiez un équipement compact, léger, sobre et solide !

Il est toujours possible sur place de tailler dans un morceau de bois sec en forme de spatule, voire de cuillère pour les plus habiles. J'ai une grande cuillère asymétrique qui me suit depuis de nombreux bivouacs, taillée dans un morceau de bois trouvé au bord d'une rivière. Elle me sert à remuer les aliments qui cuisent sur le feu dans la popote. Sa forme est grossière, elle est marquée par les nombreuses utilisations, mais elle fait partie des petites choses utiles mais superflues que j'emmène et qui m'apportent un certain « luxe ». Chacun choisira ses couverts en fonction de ce qu'il aime (surtout si le poids n'est pas déterminant).

Poches à eau, bidons et gourdes

L'eau est essentielle et si on ne peut la trouver sur place, il faudra en emporter (compter 2 litres d'eau par jour par personne).

* *Les poches à eau en toile épaisse* sont très solides. Depuis de nombreuses années, j'utilise celles de la marque MSR (modèle « Dromedary ») en toile cordura ; elles sont beaucoup plus solides que les modèles classiques en matière plastique. Quand elles sont vides, il suffit de les rouler sur elles-mêmes et elles ne prennent pas ou peu de place. Et, même si cela a peu de lien avec la cuisine, ces poches à eau font un oreiller parfait pour une petite sieste après un bon repas... Je n'ai jamais trouvé la solution pour que l'eau n'ait aucun goût après avoir séjourné quelques jours dans ces poches. Toutefois, je dépose quelques gouttes d'huile essentielle de citron ou de menthe quand je les remplis d'eau.

* *Les bidons* ont l'avantage de se laver plus facilement et si on choisit des modèles fabriqués dans une matière alimentaire, ils ne donnent pas ou peu de goût à l'eau. Par contre, un bidon vide est plus léger mais occupe toujours le même volume...

* *Les gourdes aluminium ou acier inoxydable:* elles sont devenues un objet de notre quotidien et remplacent heureusement les bouteilles plastiques. Depuis des années, j'utilise des modèles en aluminium, matériau léger, facile à nettoyer et solide. J'ai des modèles qui ont plus de 20 ans, cabossés par les chocs, peinture en partie enlevée par les frottements, mais toujours utilisables. La plus vieille est une gourde rouge de la marque Le Grand Tétras, qui doit avoir plus de 30 ans. L'avantage des modèles en aluminium par rapport aux modèles en plastique est leur solidité et leur résistance à la chaleur.

La forme du goulot a son importance : étroit, il sera plus agréable d'y boire, plus large, il sera plus facile à remplir et à nettoyer mais un peu moins confortable pour boire. Les gourdes ayant un bouchon avec un trou sont pratiques car on peut y mettre une courroie ou un mousqueton pour les fixer sur un sac à dos ou à la ceinture. Il existe différentes qualités de gourde : en choisissant un bon modèle, on assure une longévité de plusieurs années. La couche de protection interne se doit d'être non toxique et de durer dans le temps. En Europe, les deux leaders du marché, Sigg en Suisse et Laken en Espagne, proposent des gourdes écologiques, sans BPA, ni aucun élément dangereux pour la santé. L'acier inoxydable à usage alimentaire ne contient ni BPA ni autre matériau toxique et permet de chauffer de l'eau sur le feu. L'avantage est qu'il est sain et ne nécessite pas l'application d'une enduction plastique ou époxy, comme c'est le cas pour les gourdes en aluminium. Ce matériau ne modifie pas le goût du contenu. La marque Klean Kanteen est la référence pour ce type de gourde : existant en plusieurs volumes, leur goulot est plus large que les gourdes standards. Leur bouchon avec boucle en métal articulée permet de les accrocher facilement.

LE PETIT MATÉRIEL

Voici toutes les petites choses qui peuvent avoir une grande importance et changer la vie en extérieur.

* *Les sacs-poubelles:* mieux vaut en prévoir plusieurs, de grande taille et solides. J'en laisse toujours 2 ou 3 dans une poche de mon sac. Le premier sert à déposer les déchets que l'on rapportera, il doit donc être résistant pour durer tout le séjour. Mais les sacs-poubelles ont bien

d'autres usages ! Ils remplacent une bâche pour s'asseoir et s'isoler du sol humide, se transforment en poncho de fortune pour faire face à une averse en faisant 3 trous pour passer la tête et les bras, ils séparent le linge humide du linge sec dans le sac à dos… Bref, un accessoire multifonction qui ne coûte rien et ne pèse rien !

* *Les sacs zippés* sont également multi-fonctions et peu encombrants. On y stockera du poisson dans une marinade, les restes de repas, des allume-feu à garder secs…

* *L'éponge et le produit vaisselle :* privilégier les modèles à deux faces (éponge et grattoir). Choisir un produit vaisselle non nocif pour l'environnement et le reconditionner dans un petit flacon plastique, du type flacon de shampoing de voyage car on n'utilise peu de produit à chaque vaisselle.

* *Manique, torchon et morceau de jean.* Si on cuisine sur le feu et que l'on doit manipuler une gamelle, une grille ou tout objet en métal chaud, l'idéal est un morceau de jean, de 30 ou 40 cm, taillé dans une jambe. Le jean, très solide, résiste bien à la chaleur et au feu, et permet de saisir du métal chaud sans se brûler. Il n'a pas les qualités anti-chaleur d'une vraie manique, mais permet aussi de nettoyer le plus gros de la suie ou des résidus sur la gamelle ayant été en contact avec la flamme.

* *Un torchon* pourra être utile pour essuyer la vaisselle ou emballer un aliment, mais pas indispensable.

* *Les boîtes et flacons* seront utiles pour stocker des ingrédients à l'abri de l'humidité et des insectes. On trouve de nombreux modèles dans les magasins de camping, mais toutes sortes de flacons peuvent convenir. L'essentiel est que ces contenants soient en plastique et dotés d'un couvercle ou d'un bouchon ayant une fermeture fiable.

* *La planche à découper,* très utile pour découper des légumes, du poisson, des fruits, de la viande... On peut parfois trouver un morceau de bois sur place et s'en servir de planche à découper. En bord de mer, en parcourant la limite de la marée, il est possible de trouver des morceaux de bois échoués ayant une surface plane. Quand je suis en canoë, j'utilise un côté de ma pagaie de secours comme planche: elle n'offre pas une très grande surface, mais permet d'avoir un bon appui pour découper confortablement et sans danger. Mais le plus souvent, il faut faire soi-même sa planche à découper: je prends une grosse branche, et avec mon couteau ou ma petite hache, je taille le bois pour créer une surface plane.

* *La bâche ou l'abri pour cuisiner par tous les temps.* Si la vie en extérieur est facile avec le soleil, les choses peuvent se compliquer avec la pluie, le vent et le froid. Une bâche robuste et imperméable sera alors bien utile. Elle pourra être posée sur le sol pour se protéger de l'humidité. L'idéal pour plus de polyvalence est une bâche ayant des points d'accrochage robustes aux angles. En fixant ces points d'accroche à l'aide de cordelettes, de sardines, des branches et des arbres, j'assemble un abri efficace contre le vent et la pluie.

* *Les tipis* composés de plusieurs panneaux de toile, proches visuellement des tipis traditionnels nordiques ou nord-américains sont aussi bien adaptés si l'on veut bivouaquer et cuisiner toute l'année.

* En hiver, j'utilise *une tente en forme de pyramide,* qui ferme totalement et offre une protection sur 360 degrés. Sa forme pyramidale lui donne une résistance au vent et à la neige particulièrement élevée. Son montage se fait avec un mât central. Dans la tente, j'installe un petit poêle à bois qui permet de chauffer l'intérieur et de cuisiner. Le modèle que j'utilise de la marque Tschum est fabriqué à la main par un couple en Allemagne. Le modèle est inspiré des tentes utilisées par certains groupes ethniques sibériens appelés « Tschum ». Ce type de tente est assez commun dans les pays nordiques qui pratiquent régulièrement le camping sous tente en hiver.

FAIRE SA VAISSELLE

Quand on termine son repas, bien nettoyer son assiette ou son bol. Mon assiette est presque aussi propre après qu'avant son utilisation!
S'il est déconseillé de lécher son assiette à table quand on est en société, c'est recommandé en bivouac pour s'épargner une fastidieuse vaisselle.
Le plus difficile à nettoyer sans eau chaude est la graisse froide. Mais si on a bien mangé et laissé une assiette vide et sans aucune trace de sauce, la nettoyer se résume souvent à un simple essuyage.
Pour récurer des plats, il existe des alternatives naturelles à l'éponge et au liquide vaisselle:

- le sable ou le gravillon fin, faciles à trouver en bord de lac ou de rivière
- la terre fine (celle d'une taupinière est idéale)
- la cendre, très fine, est parfaite
- le marc de café, efficace.

Si on a de l'eau, remplir la popote vide puis la remettre sur le feu: l'eau bouillante décolle les matières brûlées.
Pour éviter les soucis de vaisselle, le mieux reste d'anticiper: éviter que des aliments n'accrochent dans la popote en chauffant.
Pour le rinçage, un coup d'éponge humide, de mouchoir, des feuilles ou des herbes, et c'est bon !

* *La lampe:* je ne pars jamais sans une lampe frontale, utile à toutes les activités dès qu'il fait noir et qui rend de nombreux services. Elle est indispensable car elle permet d'éclairer tout en ayant les mains libres. Aujourd'hui, cela paraît être une évidence, mais la lampe frontale n'a pas toujours existé et je me rappelle que, jeune photographe animalier, je construisais mes premiers affûts de nuit avec une seule main disponible, car l'autre tenait la lampe. Il existe une multitude de modèles, mais l'essentiel est que la lampe soit bien chargée avant de partir ! Quand on est seul, la lampe frontale est souvent suffisante ; en groupe, elle n'est pas toujours très agréable car le faisceau éblouit la personne avec qui l'on parle si on la regarde. Il est possible de monter un filtre coloré vert ou rouge sur la lampe pour atténuer cet effet: la visibilité reste inchangée, mais c'est moins éblouissant.

* *Une lampe-tempête,* qui fonctionne à l'huile, est plus contraignante que les modèles électriques, mais donne au campement un charme incroyable. Les modèles sur batterie ont une longue autonomie. Comme toujours avec ce type d'équipement électrique, si on veut avoir de longues heures d'autonomie, il faut éviter de l'utiliser à pleine puissance pour économiser la batterie.

RANGER ET STOCKER L'ÉQUIPEMENT

Une fois le matériel à emporter préparé, il faut tout faire entrer dans un ou plusieurs sacs. C'est souvent le moment délicat de la préparation, celui où l'on découvre que tout ne rentre pas dans le sac et que certaines choses doivent être enlevées car la place disponible n'est pas suffisante. Cette dernière étape peut être source de bien des soucis !

Si la préparation du matériel commence souvent plusieurs jours, voire plusieurs semaines avant le départ, la mise en sac est souvent l'opération finale, parfois faite dans l'excitation et la précipitation. Il m'est arrivé de voir des sacs se faire sur un parking à l'arrière d'une voiture, à quelques mètres du chemin de randonnée. Ce n'est qu'après 6 heures de marche, au moment d'allumer le feu, que l'on réalise que la poche du pantalon superflu resté dans le coffre de la voiture contenait le briquet… qui lui était indispensable. Le risque est d'enlever un élément important de l'équipement, dont l'absence sera pénalisante pour l'ensemble de son bivouac.

Le mieux est de préparer son équipement plusieurs jours à l'avance, surtout si c'est un exercice nouveau pour vous. L'idéal étant de pouvoir tout étaler sur le sol d'une pièce afin de bien visualiser l'ensemble de son matériel. Mettre d'un côté l'équipement indispensable et de l'autre ce qui pourra être enlevé si l'on doit gagner du poids ou de la place. Lorsque l'on part à plusieurs, il faut bien répartir ce que chaque participant doit prendre pour éviter les doublons mais aussi les oublis.

LES PRODUITS ALIMENTAIRES À EMPORTER

Être passionné par la nature passe aussi par choisir des produits locaux, de saison, cultivés sans produits chimiques. Meilleurs sont les produits, plus savoureuse sera la cuisine. Manger dehors ne veut pas dire mal manger !

* *Riz, pâtes, céréales, lentilles vertes et corail, et boulgour.* Le riz est vraiment un must car il permet des préparations salées, sucrées, chaudes ou froides. Cru, il se conserve à merveille, son seul petit défaut est son temps de cuisson (plus le riz est complet et plus le temps de cuisson est long), mais si on utilise un feu ou un réchaud à bois, cela n'a pas trop d'importance. Le boulgour, un incontournable du bivouac, cuit presque instantanément en attendant quelques minutes après avoir versé de l'eau bouillante.

* *Les flocons de pomme de terre :* on trouve en magasins bio des sachets de flocons de pomme de terre. Ces sachets sont pratiques à stocker car bien imperméables et solides. Leur utilisation est très simple : il suffit de verser de l'eau chaude sur les flocons et c'est prêt. Idéal pour le randonneur qui veut voyager léger. Pour se régaler, il faut ajouter quelques ingrédients aux flocons : sel, poivre, lait en poudre. On peut même préparer à l'avance des sachets avec ce mélange qui ne nécessitera que l'apport d'eau chaude. On peut aussi passer cette préparation à la poêle dans de la matière grasse pour lui donner une croûte dorée et croustillante, et y ajouter des légumes, des oignons dorés à la poêle, quelques morceaux de chorizo, de fromage ou des œufs. Ces flocons sont parfaits pour assurer la base d'un plat et se prêtent à de multiples recettes. Il existe d'autres légumes en flocons ; ceux de carotte mélangés avec de l'eau froide et du cumin constituent un encas rapide pour une pause de midi.

* *Les œufs :* leur seul inconvénient est leur fragilité, mais avec une boîte adaptée pour les protéger, ils constituent un ingrédient prêt à tout qui ne craint ni le chaud, ni le froid et permet de réaliser de nombreuses recettes du petit-déjeuner au dessert.

* *Laits et substituts végétaux.* Pour le lait de vache, il faut choisir du lait UHT si on n'a pas de moyen de conservation. Le lait en poudre peut être une alternative, car il évite du poids. Par exemple, pour le petit-déjeuner, une solution assez simple consiste à mélanger du muesli et du lait en poudre. Dans un petit sac congélation zippé, ce mélange permettra, une fois un peu d'eau chaude ajoutée, d'avoir un repas équilibré. Il existe des alternatives au lait en poudre de vache, disponibles en magasins bio : lait de chèvre, brebis, jument, mais aussi des poudres végétales sans lactose à base de noisettes, amandes, céréales, châtaignes…

* *Sel, poivre, épices et herbes séchées.* Ma préférence va au thym, très présent dans ma cuisine, et au laurier qui pousse sur mon terrain, mais toutes les aromatiques subliment les plats : coriandre, aneth, ciboulette, romarin… Chacun fera selon ses goûts. Sel et poivre sont deux indispensables quand on cuisine. De plus, le sel est important pour l'organisme quand on a une activité physique, car la transpiration entraîne une perte d'eau et de sel. Quant aux épices, elles transforment n'importe quel plat fade en un plat unique et savoureux. Inutile d'en avoir un grand nombre : 2 ou 3 suffisent, en petites quantités, pour plusieurs jours de bivouac. Je les stocke

dans de petits contenants en plastique avec un bouchon qui se visse solidement. Généralement, dans mon sac, j'emporte du sel, du poivre, du curry, du Kari Gosse, du wasabi, de la sauce soja, de la poudre de piment, du cumin et du paprika.

* *Le gingembre frais* fait partie des indes-tructibles qui s'oublient au fond du sac. Je l'utilise aussi bien pour des plats salés que sucrés, crus ou cuits. Il peut remplacer le poivre avec son goût piquant et permet aussi de faire de délicieuses décoctions : mettre quelques morceaux de gin-gembre dans de l'eau et laisser quelques minutes en ébullition sur le feu. Cette boisson peut se boire chaude ou froide, nature ou avec du miel et est excellente si on a mal à la gorge.

* *Oignons et ail* agrémentent une multitude de plats. Un peu d'huile dans une poêle posée sur le feu, des tranches d'oignons qui rissolent et c'est déjà un bon repas qui se prépare ! L'oignon est la base de beaucoup de mes plats, que ce soit sur le terrain ou chez moi. Quand je me mets en mode cuisine, je ne sais pas forcément ce que je vais préparer mais je commence presque toujours par éplucher un ou deux oignons, les couper finement, et les faire revenir dans une poêle avec de l'huile ou du beurre... avec cette délicieuse odeur, la faim se fait sentir et mon cerveau trouve l'inspiration. En fait, c'est la base de presque tous mes plats salés et je ne pars jamais sans oignons dans mon barda.

* *Cubes de bouillon :* ils parfument les plats composés d'herbes récoltées sur le terrain et à 22 heures, quand on a eu une longue journée éprouvante, boire une tasse de bouillon bien chaud, salé et gras, réchauffe l'âme autant que le corps.

* *Huile et beurre :* ils seront bien utiles pour éviter aux plats de coller au fond des gamelles (et faciliter la vaisselle !). J'aime beaucoup le beurre (certainement mes origines bretonnes), mais sa

conservation est délicate. L'huile est plus adaptée au bivouac car elle se conserve longtemps, même quand il fait chaud. Toutefois, j'emporte un morceau de beurre pour cuisiner les 2 ou 3 premiers jours (en général, il ramollit le jour avec la chaleur et durcit à nouveau la nuit, ce qui ne porte pas à conséquence tant qu'il ne rancit pas… auquel cas, il faut vite l'utiliser). Les lipides sont importants car ils constituent une importante source d'énergie, que l'on brûle vite quand on marche et qu'on bivouaque. Le gros avantage des lipides est qu'à poids égal, ils sont deux fois plus énergétiques que les autres familles d'aliments (protides, glucides…) : environ 900 kcal pour 100 g. Plus il fait froid et plus le corps a besoin de lipides, donc on augmente la part d'huile ! Quand je rentre de bivouac, j'utilise rapidement le reste d'huile car elle prend parfois un goût étrange quand elle n'est pas stockée dans du verre et a subi des chocs thermiques.

* *Saucisson sec, chorizo, magret fumé, pemmican ou bœuf jerky :* ils se conservent facilement, ne craignent pas l'humidité, se mangent sans aucune préparation et permettent de réaliser des plats chauds et froids (soupes, ragoûts…). La viande est difficile à conserver si on n'a pas de froid (frigo, glacière, température hivernale en dessous de zéro), les saucissons et préparations charcutières représentent donc une excellente alternative. L'idéal est de demander au boucher de les mettre sous vide pour augmenter leur durée de conservation. J'ai la chance d'avoir, dans ma petite ville, un boucher qui prend son chorizo chez Pierre Oteza, un charcutier basque élevant ses cochons en extérieur. Ce chorizo remarquable me sert même de condiment : quelques petits morceaux dans une omelette ou du riz les parfument divinement !

* *Le fromage.* Je suis un grand mangeur de fromage et c'est un incontournable quand je pars,

d'autant qu'il peut être mangé tel quel. Si on fait une pause rapide, ou en cas de coup de barre, il suffit d'en couper un morceau ! On peut aussi les utiliser comme ingrédient, pour relever une omelette ou un plat de légumes, ou fondus (raclette ou fondue sur la braise). Certains fromages se conservent très bien. Les fromages que je privilégie sont ceux qui se tiennent bien dans le temps, plutôt secs : une tomme entière est très résistante, avec sa croûte qui la protège de l'extérieur.

* *Farine.* Elle nécessite un stockage à l'abri de l'humidité mais elle n'est pas sensible au chaud et au froid. Je l'utilise saupoudrée sur des filets de poisson si je les prépare frits, elle épaissit un plat en sauce qui cuit sur le feu dans une marmite et surtout elle remplace le pain qui n'est pas toujours facile à transporter et à conserver. Il suffit de mélanger la farine avec de l'eau, un peu de sel, et de la levure déshydratée (mais ce n'est pas obligatoire). Ensuite on laisse reposer la pâte avant de la cuire. Ma technique de cuisson préférée est la technique des trappeurs nord-américains. Je l'avais découverte enfant dans mon livre de chevet, *Le guide du trappeur* de Paul Provencher : la banique. Il faut étirer la pâte, l'enrouler sur un bâton en une couche de 2 ou 3 cm d'épaisseur, cuire au-dessus de la braise en le tournant très régulièrement, pendant environ 45 minutes. On peut aussi faire cuire la pâte, en lui donnant la forme de galette dans une poêle ou sur une pierre chaude, voire sur la braise pas trop chaude ; et il faut ensuite gratter avec un couteau la partie noire où les cendres ont collé.

* *Carottes, pommes de terre, betteraves...* Ces légumes sont lourds, et seuls ceux qui n'ont pas à porter leur charge les emporteront. Ils se conservent bien et sont délicieux cuits au feu ou sur la braise.

* *Pommes, bananes, oranges, pamplemousses* font partie des fruits les plus résistants. Les fruits sont fragiles, plus aux chocs qu'aux températures élevées, mais ceux cités sont les plus rustiques.

* *Les fruits secs* (amandes, noix, noisettes...) sont très intéressants car ils sont très riches et apportent des lipides. Ils peuvent être consommés « bruts », mais aussi concassés et/ou toastés et ajoutés à d'autres ingrédients.

* *Chocolat, barres de céréales, pâtes de fruits* sont bien utiles pour donner un coup de fouet quand on a une baisse d'énergie. Leur sucre est assimilé rapidement par l'organisme. J'ai un faible pour le chocolat que j'utilise aussi comme ingrédient et qui transforme une pomme ou une poire abîmée en un délicieux dessert.

* *Thé, infusion, café,* bien chauds, sont appréciables quand on vit dehors. Pour le thé et la tisane, il suffit de faire chauffer de l'eau dans la popote et d'y tremper un sachet, ou mieux, une boule à thé ou un infuseur pour obtenir sa boisson.

* *Le café.* Même si je n'ai pas le physique de George Clooney, j'aime savourer un café fraîchement préparé au milieu de la nature et ne pars jamais sans le nécessaire pour m'en faire un vrai et bon. Je prends du café en poudre dans un petit flacon étanche. Quand je surveille le poids de mon équipement, j'utilise un filtre en matière plastique souple rapporté d'un voyage au Japon. Il ne prend pas de place car il s'écrase comme une feuille et ne pèse que quelques grammes. Je le mets en équilibre sur ma tasse avec deux petites branches comme support et je n'ai plus qu'à déposer un peu de café en poudre et à verser de l'eau chaude. Il existe différents filtres rigides dans le commerce, et l'un des plus solides est en métal, fabriqué par Stanley. Il comporte un filtre

réutilisable (aucun filtre jetable n'est nécessaire), facile à nettoyer. Il suffit de le poser sur une tasse ou une bouteille isotherme, d'y verser le café moulu, puis de l'eau chaude. D'autres modèles de cafetières fonctionnent bien en bivouac : la cafetière italienne supporte d'aller sur le feu (à condition de garder la poignée en plastique hors du feu, qu'il vaut mieux manipuler avec un morceau de toile, idéalement en jean). Une autre cafetière, à mi-chemin entre une bouteille isotherme et une cafetière à piston, conserve les boissons chaudes ou froides pendant des heures. Son corps, en acier inoxydable, est isolé par un vide d'air avec un couvercle thermique, un anneau permet de la porter ou de la clipser à un mousqueton. Je ne connais qu'une seule marque proposant ce modèle, baptisé « Presse à café de voyage » : Stanley. Cette marque propose aussi une cafetière d'une capacité d'1 litre, pour les groupes ou les grands buveurs !

Pour les grandes quantités de café, les cafetières émaillées de nos grands-mères sont très pratiques. On peut en trouver facilement d'occasion lors de vide-greniers ou sur Internet, mais quelques marques en fabriquent encore, notamment Nordisk (modèle « Madam Bla Coffee Pot »). D'une capacité d'1,5 litre, elle est durable, résistante à la rouille, non toxique et facile à nettoyer, et peut être posée directement sur un feu. Elle nécessite d'utiliser soit des filtres papier classiques soit des filtres en coton bio fournis avec la cafetière.

* *L'alcool.* Déguster un verre de vin ou un bon whisky en pleine nature est pour moi un vrai plaisir ! Si en plus ce moment est partagé avec quelques-uns de mes meilleurs amis, cela frise la perfection. Pour le vin, la difficulté est qu'il a un encombrement et un poids équivalent à l'eau. Si l'on part en groupe pendant plusieurs jours, cela peut vite représenter une charge réelle, surtout si

BIEN CONSERVER LES ALIMENTS

J'étais parti un mois en hiver avec un ami peintre animalier en Islande pour photographier les renards polaires. Nous dormions dans notre voiture ou sous la tente, la température moyenne était de -15 °C. Si camper dans des conditions hivernales oblige à une certaine logistique (comme penser à mettre une gourde remplie d'eau dans son sac de couchage le soir si on ne veut pas au matin devoir décongeler un bloc de glace pour se faire un café), cela nous a facilité la vie avec les aliments : nous pouvions conserver viande ou poisson pendant plusieurs jours sans précautions particulières. Pour notre dessert (luxe suprême en mode bivouac !), nous mangions de la glace. Pour la conserver, nous avions attaché avec du ruban adhésif puissant les bacs de glace à la galerie du véhicule. Il suffisait d'ouvrir les bacs et de se servir ! Les deux facteurs qui vont compliquer la conservation des aliments sont l'absence de « froid » (réfrigérateur ou glace) et la durée. Quand on part une journée, il y a peu de soucis de conservation des aliments, à condition de bien choisir ce que l'on emporte. Reportez-vous au texte sur les aliments à emporter, qui supportent des hautes températures et des changements de température.

Si cela est possible, j'emporte une glacière, je remplace les classiques blocs réfrigérants par des bouteilles remplies d'eau. Les bouteilles d'eau restent gelées un peu moins longtemps mais quand la glace qu'elles contiennent fond, cela me fournit de l'eau fraîche. Elles me servent aussi pour stocker de l'eau, à l'inverse des blocs réfrigérants qui ne servent à rien (en bivouac, on privilégie toujours du matériel qui a plusieurs utilisations).

Je mange peu de viande en bivouac, car la viande est difficile à conserver et, à l'inverse du poisson, je ne peux pas me fournir dans la nature. Mais souvent, les premiers jours, une bonne grillade est agréable quand on est plusieurs autour d'un feu. Pour cela, je choisis un beau morceau de viande (côte de bœuf ou entrecôte, idéalement taille XXL), et je la congèle. Plus le morceau de viande est gros, plus il va mettre de temps à décongeler. Une fois décongelé, il faudra manger la viande assez rapidement ou la faire cuire pour augmenter sa durée de conservation.

vos amis sont bretons. Pour éviter de porter des bouteilles en verre, la solution du cubi est assez pratique : une fois vide, le carton peut être écrasé et la poche plastique vide prend peu de place.

Si on est limité en place et que l'on veut faire durer longtemps une bouteille, il vaut mieux emporter de l'alcool fort, qui ne sera pas bu rapidement. Une seule bouteille pourra convenir pour un bivouac de plusieurs jours. Le petit vert d'apéro ou de dijo auprès du feu est un moment de partage réconfortant et fort de la journée.

Quand il fait chaud, si on veut garder sa boisson fraîche, il faut chercher un lieu qui offre un frigo naturel : une rivière ou un torrent où coule une eau fraîche. Une solution consiste à enrouler la bouteille avec un tissu humide (tee-shirt, foulard, serviette microfibres...) et d'exposer le tout aux rayons du soleil. En s'évaporant, l'eau va rafraîchir la boisson contenue dans la bouteille.

SUR PLACE

Il importe de bien choisir son emplacement pour installer son bivouac. Privilégier une zone plate et sans danger, un peu isolée, pour ne pas être dérangé. La proximité d'un point d'eau est un atout considérable, pour se laver, laver ses ingrédients, cuisiner et éteindre son feu. S'il est possible de ramasser à proximité du bois mort et sec, cela facilitera l'alimentation du feu...

L'EAU

Lorsqu'on part, on compte généralement 2 litres d'eau par jour par personne, soit 2 kg de charge. Si l'on part pour plusieurs jours, il est nécessaire de se réapprovisionner régulièrement car le poids de l'eau est vite intransportable.

La présence d'eau douce à proximité du bivouac facilite toujours la vie. On n'imagine pas une cuisine dans une maison sans un robinet et un évier. Dans la nature, pour cuisiner, nous aurons les mêmes besoins : laver les légumes et la vaisselle, se laver les mains, de l'eau de cuisson pour des légumes, des pâtes, du riz, éteindre le feu si on en a allumé. S'installer dans un endroit ayant une source d'approvisionnement en eau sera l'idéal. En randonnée, il est possible de faire son itinéraire en choisissant de s'installer pour la fin de journée et la nuit près d'une source d'eau. Cela permet de faire la cuisine du soir, de préparer le petit-déjeuner et le déjeuner du lendemain midi et de refaire ses réserves d'eau potable pour le lendemain.

Mais attention, dans beaucoup de cas, un traitement de l'eau est absolument nécessaire ! Nombreux sont ceux qui ont été malades en buvant dans un ruisseau cristallin... À l'inverse, j'ai étanché ma soif plusieurs fois en toute sécurité avec de l'eau qui était au départ plus foncée que le café parce qu'elle avait été correctement traitée.

Il existe de nombreuses possibilités pour purifier l'eau : filtres, stérilisateurs UV et pastilles de traitement, pour n'en nommer que quelques-unes. Je n'aime pas les pastilles car leur goût est vraiment désagréable, leur avantage est le peu de place qu'elles occupent dans le sac.

En général, je pars avec un filtre. Il existe des modèles compacts et performants, munis d'une cartouche en céramique avec un noyau au charbon actif, qui filtrent très finement (de l'ordre de 0,2 micron). L'eau est purifiée et potable même si elle provient d'un lac ou d'une rivière : les particules en suspension, bactéries et protozoaires sont écartées.

Si l'eau prélevée est assez propre, je ne filtre pas pour la cuisine ou pour les boissons chaudes, je la fais bouillir plusieurs minutes.

En bord de mer, même si l'utilisation de l'eau salée est possible, cela reste limité. Elle est très salée et il n'existe pas d'équipement transportable, comme ceux utilisés sur les bateaux pour la dessaler. On peut s'en servir pour cuire des pommes de terre (à condition de ne pas ajouter de sel !), du riz ou des pâtes ou pour préparer une soupe — en la mélangeant moitié-moitié avec de l'eau douce.

Là où l'eau de mer est un vrai plus au niveau culinaire, c'est pour la cuisson des crustacés. J'ai grandi dans un petit village situé à quelques centaines de mètres du rivage dans le Morbihan, nous pêchions et consommions beaucoup de crustacés que nous faisions toujours cuire dans de l'eau de mer — technique d'ailleurs utilisée par de nombreux restaurants du littoral. Il est préférable de faire bouillir l'eau de mer pendant quelques minutes avant d'ajouter de la nourriture, pour tuer de potentiels organismes biologiques nocifs.

Utiliser l'eau de mer en cuisine, même partiellement, permet de limiter la consommation d'eau douce du stock emporté. Mais il faudra toujours un stock ou une source d'eau douce.

LE FEU

Le feu a tout changé dans la vie de l'Homme. Pour nos ancêtres, sa maîtrise a permis de faire cuire les aliments, mais aussi de se chauffer et de s'éclairer. Aujourd'hui, faire un feu n'est plus aussi important dans nos vies quotidiennes, mais lorsque nous sommes dans la nature, savoir en faire reste essentiel. Le feu en bivouac, c'est vraiment quelque chose de magique !

Il y a quelques années, lors d'une mauvaise manœuvre, mon canoë s'est retourné. J'ai dû passer plusieurs minutes dans l'eau pour récupérer mes sacs et mon équipement. J'étais trempé et transi après ce bain dans une eau à quelques degrés. J'ai rapidement ramassé du bois et allumé un feu. En quelques minutes, sa chaleur m'a revigoré.

CHOISIR L'EMPLACEMENT

L'emplacement pour faire un feu sera abrité du vent et le sol sera de nature minérale (pas de tourbe ou de terre de bruyère). Dégager le sol en enlevant la broussaille pouvant brûler dans un rayon de quelques mètres. Sur la partie centrale, creuser de quelques centimètres pour être sur la terre, idéalement avec une pelle, mais on peut aussi le faire à la main ou en s'aidant d'un morceau de bois.

S'il est possible de ramasser du bois mort et sec, cela facilitera l'alimentation du feu.

Un proverbe indien, dont j'ignore la véracité, dit : « L'homme blanc fait un grand feu et reste loin alors que l'Indien fait un petit feu et s'assoit tout près ». Un petit feu a de nombreux avantages : il est moins risqué, plus facile à éteindre, nécessite moins de bois, laisse moins de traces, on peut s'asseoir plus près et il est plus facile de cuisiner sur un petit feu sans se brûler les moustaches.

ALLUMER

On voit souvent, dans les magazines et les articles de survie ou de vie en extérieur, les spécialistes utiliser des *fire steel* pour allumer leur feu. Le *fire steel* est une barrette comportant sur une face du ferrocérium, et sur l'autre, un grattoir en alliage métallique. Il a un côté ludique et produit une gerbe d'étincelles qui permet de faire prendre un feu si on sait l'utiliser…

On voit aussi souvent des *allumettes* supportant l'humidité, voire des étuis spéciaux pour les protéger et les garder au sec…

J'ai essayé ces différents systèmes et je ne suis pas séduit : leur efficacité est très « aléatoire » — en particulier les allumettes : leur manque d'efficacité reste un mystère pour moi.

Pourquoi ne pas faire simple et efficace ? Le système infaillible pour avoir une flamme reste le *briquet*. Pour faire face à toutes les situations, il suffit de mettre des briquets jetables à de nombreux endroits de son équipement. Ils ne coûtent presque rien, ne tombent pas (ou presque jamais) en panne et sont très efficaces. Si un briquet jetable tombe dans l'eau, en le secouant énergiquement pour chasser l'eau et en le mettant dans sa poche quelques minutes, il refonctionne.

CHOISIR LE BOIS

Le choix du bois est essentiel, surtout si l'on allume un feu après plusieurs jours de pluie. Il faut choisir du bois mort (idéalement encore sur pied). S'il est humide, le fendre et utiliser les parties intérieures plus sèches. Ne surtout pas couper du bois vivant, cela abîme les arbres et il brûle très mal.

Toutes les essences ne sont pas égales ; certaines brûlent mieux que d'autres, comme le chêne, le hêtre ou le bouleau. Par temps sec, il sera facile d'allumer le feu avec des herbes, des feuilles, de l'ajonc sec… ou des brindilles.

L'écorce de bouleau est un excellent matériau pour démarrer un feu. Privilégier un bouleau qui commence à perdre son écorce: ramassez l'écorce directement sur l'arbre, allumez-la simplement avec un allume-feu d'urgence ou un briquet. Les huiles contenues dans l'écorce lui confèrent une bonne résistance à l'eau et s'enflamment par tous les temps.

On peut aussi utiliser des morceaux d'amadouvier, un champignon que l'on trouve sur les arbres qui possède un chapeau en forme de casque de 10 à 30 cm de long et de 5 à 20 cm de large. Il est très épais et très coriace, il faut forcer un peu pour le détacher du tronc. Couper des petites tranches de quelques millimètres d'épaisseur, les faire sécher et y mettre le feu avec un briquet.

LA RECETTE D'UN BON FEU

Pour bien brûler, un feu a besoin de chaleur (l'allume-feu), de combustible (le bois) et d'air. Il est important que les morceaux de bois se touchent, mais il doit aussi y avoir un passage d'air suffisant. Si le feu fume avec du bois sec, c'est qu'il manque d'air.

LES AIDES INDISPENSABLES

Tout se complique si le temps est humide. Pendant longtemps, je conservais du papier journal au sec dans une pochette plastique étanche. Mais depuis quelques années, j'ai découvert les allume-feu utilisés pour démarrer un barbecue (ou un feu de cheminée). Un ami m'en a donné un sac, c'est un super « joker » pour les jours difficiles ! Les modèles naturels en bois (composés de bois de conifères et huiles végétales) sont à préférer à ceux dérivés du pétrole, qui dégagent une odeur très désagréable (l'odeur de fioul ne donne pas envie de cuisiner !).

Il n'y a pas besoin d'utiliser un cube complet : un cube divisé en 2 ou 3 suffit généralement pour démarrer un feu. Je stocke ces cubes dans un petit sac étanche avec un briquet au cas où…

Une bougie ou un morceau de bois gras sont également très efficaces. Les pins sont très résineux et cette résine est inflammable. Lorsqu'un arbre meurt, la résine commence à se déposer vers le bas ; elle reste dans la souche et dans les branches, là où elles rencontrent le tronc de l'arbre. Casser une branche (morte, évidemment). Si le bois présente un aspect brillant et sent la térébenthine, il s'agit très probablement de bois gras. Gratter la branche avec la lame d'un couteau pour créer des copeaux flous. Ils s'enflammeront rapidement et brûleront longtemps.

Parfois les conditions sont vraiment difficiles et il faut faire feu de tout bois, c'est-à-dire avoir recours à ce que l'on a sous la main. Peu écologique et polluant, à n'utiliser qu'en dernier recours, un morceau de plastique (de sachet plastique zippé, par ex.) peut faire un excellent démarre-feu. Une bande de ruban adhésif est aussi très efficace ! Il suffit de tirer de petites bandes dans le sens de la longueur de la bande. Cela exposera les fibres fines à l'intérieur de la bande elle-même. Ces fibres, ainsi que l'adhésif du ruban, constituent un excellent allume-feu de longue durée, qui peut s'enflammer rapidement et brûler longtemps.

SÉCURISER

Avant d'allumer un feu, il faut s'assurer que cela ne représente aucun risque. La végétation sèche, comme celle de la lande ou de la garrigue, s'enflamme facilement.

Il faut également vérifier la nature du sol : un feu sur de la tourbe risque de provoquer un feu souterrain.

Le vent attise le feu et fait voler des étincelles sur de longues distances. S'il est fort, ne pas faire de feu.

Il faut toujours rester à proximité d'un feu allumé et toujours l'éteindre avant d'aller dormir ou de partir. Pour cela, soit on arrête de l'alimenter, ce qui nécessite plusieurs heures avant qu'il devienne froid et sans danger, soit on l'arrose abondamment avec plusieurs litres d'eau pour que les braises soient totalement éteintes.

Afin de ne laisser aucune trace, disperser les cendres froides et les restes de bois, puis recouvrir la zone avec des éléments du sol alentour. Vous pourrez alors repartir sans que personne ne puisse deviner que vous avez passé une magnifique soirée auprès d'un feu.

FEU & RÉGLEMENTATION

L'usage du feu est réglementé et il peut être totalement interdit sur certains secteurs. Il est essentiel de respecter ces interdictions. L'article L131-1 du Code forestier interdit d'allumer un feu de camp sur un terrain dont on n'est pas propriétaire ou que l'on occupe sans l'accord du propriétaire dès lors que l'on se trouve à moins de 200 m d'une forêt ou d'un bois.

MANGER CE QUE LA NATURE NOUS OFFRE

Dans la nature, il est possible de trouver de nombreuses choses que l'on peut manger : des plantes, des champignons, des fruits, des poissons pour ceux qui savent pêcher... Je dois dire que cela va bien au-delà du simple intérêt « alimentaire », c'est quelque chose de beaucoup plus puissant. Trouver moi-même mes aliments me procure énormément de plaisir. Peut-être est-ce une façon de renouer avec un instinct enfoui au fond de moi, mémoire inconsciente de nos ancêtres chasseurs-cueilleurs. Mais il serait irréaliste, voire dangereux de partir plusieurs jours sans rien emporter à manger en comptant uniquement sur ce que l'on va trouver sur place. Emporter les bases et compléter avec ce que l'on trouve en cours de route. Toujours avoir un petit stock d'articles secs, comme du riz, du quinoa ou des pâtes, des flocons d'avoine, du café et du thé, du chocolat, des oignons... Les ingrédients de la nature seront un vrai bonheur mais s'ils ne se matérialisent pas comme ils devraient, j'ai encore de la nourriture sur laquelle m'appuyer.

LES PLANTES

Certaines plantes sont faciles à trouver et à reconnaître pour éviter tout risque d'intoxication :

* *L'ortie*, que tout le monde connaît. Si certains la considèrent encore comme une mauvaise herbe, les plus malins savent que c'est une plante aux mille vertus. Elle nettoie l'organisme, a une action favorable sur les ongles et les cheveux, soigne les désordres intestinaux, l'anémie, etc. En plus, aucun risque de confusion quand on la ramasse sur le terrain et sa récolte est rapide et facile. Elle s'utilise en tarte, en soupe, en pesto, cuite comme des épinards, en accompagnement de riz ou de pâtes. La meilleure période pour la cueillir est de mars à novembre, avant sa floraison : l'ortie est alors moins amère. Choisir les jeunes pousses car elles sont plus tendres et, bien sûr, les ramasser loin des routes et autres zones polluées. Pour vous protéger lors de la cueillette, utilisez une paire de gants ou glissez vos mains dans des sacs en plastique.

* *L'ail des ours :* avec son goût exquis, voici l'une des meilleures plantes pour la cuisine sauvage. Il sort en même temps que l'ours de sa caverne... le plantigrade en serait même très friand. L'ail des ours se repère facilement quand les colonies sont en fleurs et couvrent le sol des sous-bois de tapis de fleurs blanches en pompon. L'idéal est de chercher un ruisseau qui traverse un bois — parfois un simple filet d'eau suffit. Pas besoin d'aller au plus profond des montagnes ou dans des zones très sauvages, il pousse à basse altitude, parfois près de zones urbaines, mais toujours dans un sous-bois humide. On mange ses feuilles et ses boutons floraux nature, mais aussi en pesto ou macéré dans du vinaigre. Les fleurs sont aussi comestibles et parfaites pour décorer un plat ou une assiette. Autre atout, l'ail des ours diminue le taux de mauvais cholestérol.

* *L'aster maritime :* on trouve cette plante halophile sur le littoral : elle vit en bord de mer, sur la partie la plus haute qui succède à l'estran, et ne reçoit l'eau de mer que lors des plus grandes marées. Sa cueillette est facile car sur certaines zones, elle est assez abondante, mais renseignez-vous au préalable car elle peut être réglementée. Son goût se rapproche de celui des cœurs d'artichaut. On peut la consommer crue,

seule ou mélangée avec des crudités. Cuite, elle se consomme comme des épinards, ou simplement poêlée.

* *La salicorne* est aussi une plante du bord de mer, que l'on rencontre dans les mêmes milieux que l'aster maritime. Sa récolte se fait entre mai et septembre ; au-delà, sa tige devient très dure. On peut la manger crue, mais en la rinçant bien pour enlever le sable et les divers débris. Elle est excellente avec de la charcuterie ou dans un sandwich. On peut aussi la faire blanchir dans de l'eau chaude, puis la passer au beurre comme des haricots verts, avec un peu d'ail.

* *Le plantain* est facile à reconnaître et très commun. Il en existe plusieurs variétés, mais en cuisine, on utilise généralement le plantain lancéolé, le plantain majeur et le plantain corne-de-cerf. On le trouve dans de nombreux milieux : bords de chemin, clairières, friches, prairies et même sur les trottoirs (mais les risques de pollution y sont trop importants pour l'y cueillir). On peut manger les jeunes feuilles crues dans un mesclun. Cuites une vingtaine de minutes dans de l'eau salée, elles seront incorporées dans une soupe, une quiche ou une omelette.

* *Le pissenlit,* rarement apprécié du jardinier, a pourtant d'indéniables vertus médicinales et offre de nombreuses possibilités au cuisinier. Les feuilles sont faciles à ramasser, mais il faut toutefois privilégier les jeunes pousses, plus tendres et surtout moins amères. On mange aussi les fleurs, qui servent à préparer des gelées, des sirops, du vin et décorent les assiettes. Les racines, également comestibles, peuvent atteindre 1 m de long. On les récolte en automne ou hiver, cuites à l'eau puis poêlées avec du beurre.

* *De nombreuses autres plantes peuvent être consommées :* roquette sauvage, nombril-de-Vénus, betterave maritime, obione, pousses de tamier, asperges, roseaux communs...

FRUITS & BAIES

Mûres, prunelles, framboises, myrtilles, cynorrhodons, nèfles, châtaignes, noix... Il existe de nombreux fruits et baies que l'on trouve dans la nature. Attention à bien identifier ce que vous ramassez car certaines baies ou petits fruits peuvent être toxiques. C'est à la fin de l'été et en automne que l'on trouvera le plus de variétés. Les vieux arbres fruitiers ou les vergers abandonnés

souvent envahis par la végétation offrent de belles surprises. Ne ramassez jamais la totalité des fruits ou des baies pour assurer à d'autres, hommes ou bêtes, de profiter de cette aubaine.

LES CHAMPIGNONS

C'est un bonheur de les ramasser et un régal de les manger, mais prudence, cette activité peut être très dangereuse ! Chaque année, des centaines de personnes s'intoxiquent plus ou moins sévèrement. Il existe une multitude de champignons et les confusions sont possibles. Ne ramassez que des espèces dont vous êtes sûr et certain qu'elles sont comestibles, et dans le doute, ne les ramassez pas ! Si avoir un souci de santé chez soi est grave, avoir le même problème dans la nature, quand on est loin de tout, peut devenir rapidement catastrophique. Récoltez les champignons loin des polluants, car ils stockent les produits chimiques, les métaux… Évitez les bords de route, les zones industrielles, etc.

Les champignons doivent être consommés rapidement car ils se conservent mal. Ne pas en consommer de manière excessive, même si on vient de trouver une zone où ils sont nombreux car ils ne sont pas faciles à assimiler pour notre organisme, surtout si on les mange crus.

LES POISSONS

La pêche me passionne et comme je privilégie les bivouacs au bord de l'eau, les poissons représentent une part importante de mon alimentation. Enfant, j'aimais capturer des truites à la main dans les petites rivières du centre de la Bretagne, et aujourd'hui j'emporte toujours du matériel pour pouvoir capturer quelques poissons. Je pêche au leurre, ce qui me permet d'utiliser un matériel très réduit, que j'emporte dans mon sac. La capture d'un poisson nécessite toutefois une certaine expérience, exception faite de certains pays où les eaux sont plus riches que dans l'Hexagone et où leur capture est vraiment facile. Si vous envisagez plusieurs jours en autonomie sur un bateau ou un canoë, cela vaut la peine de vous renseigner sur les espèces de poissons présentes, les techniques de pêches utilisées et, bien sûr, sur la législation (en France, il faut un permis pour pêcher en eau douce avec une canne, en mer pas besoin de permis), puis d'essayer de pêcher !

Les poissons doivent être tués dès leur sortie de l'eau. On ne peut pas dire que le poisson ne souffre pas, mais sa mort est plus rapide, il y a donc moins de souffrance. Le mieux est de lui donnant un coup, voire deux ou trois, sur le sommet du crâne avec un objet dur (pierre, bâton, manche d'outil…). Ensuite, il faut le saigner en enfonçant un couteau dans les branchies et en coupant jusque sous la gorge. Tenir fermement le poisson dans l'eau 1 ou 2 minutes pour qu'il se vide bien de son sang. Ces étapes évitent des souffrances inutiles à la prise, permettent une meilleure conservation et augmentent la qualité gustative de la chair. C'est une méthode simplifiée de l'ikejime, une technique ancestrale importée du Japon. De plus en plus de chefs de restaurants gastronomiques privilégient des poissons tués avec cette technique et de nombreux pêcheurs professionnels l'utilisent. (Pour l'ikejime, le pêcheur perfore le cerveau du poisson en enfonçant une aiguille creuse au-dessus des yeux, puis traverse et détruit la moelle épinière du poisson avec un câble et enfin, le saigne au niveau des branchies et de la queue. Le poisson se vide de son sang. Cette technique, qui surprend et peut impressionner, constituerait la mise à mort la moins douloureuse et la moins stressante pour le poisson. Dès lors

que l'on a procédé à la perforation cérébrale, il n'y a en effet ni agonie, ni panique.).

Ensuite, il faut vider le poisson. Pour cela, on enfonce la lame d'un couteau dans l'anus du poisson et on remonte vers la tête, on extrait tous les organes, et on racle bien le péritoine (poche de sang le long de la colonne) en grattant délicatement avec la lame du couteau. Le poisson est ensuite rincé abondamment pour enlever toute trace de sang et égoutté. En réalisant ces opérations avec soin, on assure une bonne conservation.

Le poisson doit être gardé au frais ; sinon, il faut le faire cuire le plus vite possible (la chair cuite se conserve mieux). On peut aussi le découper en petits morceaux pour le mettre dans un mélange d'huile et de jus de citron. Si je veux garder un poison quelques heures après l'avoir nettoyé, je le roule dans des herbes ou des orties humides et je le laisse à l'abri du soleil.

Si on veut faire griller le poisson entier, il faut laisser les écailles, car elles permettent de conserver le moelleux de la chair et protègent d'une source de chaleur trop vive. Si on lève les filets ou on le découpe en darnes pour le cuire dans la marmite, il faut l'écailler car il est désagréable d'avoir des écailles plein la bouche. Le mieux est d'écailler le poisson avant de le vider, sauf si on veut le conserver, auquel cas les écailles protègent la chair et contribuent à sa conservation : il faudra le vider en dernier.

Pour écailler un poisson, il faut le frotter avec la lame d'un couteau, lame tenue perpendiculaire aux écailles et en effectuant un mouvement allant de la queue vers la tête. Évidemment, il ne faut pas appuyer trop fort sur la lame qui ne doit pas trancher la chair du poisson. Reproduire l'opération jusqu'à avoir enlevé toutes les écailles. Rincer régulièrement le poisson pendant cette opération pour bien voir celles qui restent accrochées.

COQUILLAGES ET MOLLUSQUES

Certains coquillages sont faciles à trouver sur l'estran même avec des coefficients de marée modestes. Le plus simple est certainement la patelle, ce mollusque plus connu sous le nom de « bernique » ou de « chapeau chinois ». Les patelles se ramassent sans difficulté. Pour les décoller du rocher, il y a deux techniques : soit en agissant vite par surprise, pour ne pas lui donner le temps de se fixer solidement, en donnant un petit coup avec un galet sur le côté du chapeau ; soit en utilisant la lame d'un couteau (idéalement un couteau ne craignant rien), en glissant la lame entre le pied de la patelle et la roche et en faisant un mouvement de levier. Préparé avec du beurre, du persil et de l'ail et cuit sur la braise, c'est un vrai régal !

On peut aussi ramasser des moules, des bigorneaux et, sur certaines zones du littoral, des huîtres sauvages. Elles sont biscornues et assez difficiles à détacher de la roche et à ouvrir, mais délicieuses. Pour ne pas avoir à les ouvrir, on peut les préparer sur le feu.

L'HYGIÈNE SUR LE TERRAIN

Il est important de veiller à son hygiène quand on passe plusieurs jours sur le terrain. Si en société, l'hygiène a pour but premier de permettre une proximité avec nos contemporains sans les gêner avec notre odeur, quand on vit dehors, l'hygiène prévient les infections de la peau et

limite la propagation des maladies. Être en bonne santé chez soi est important mais quand on est loin de tout, cela devient essentiel.

Pour le cuisinier, il est important de se laver les mains avant la préparation du repas. Il suffit d'un morceau de savon. Le savon solide est de loin le produit le plus adéquat pour le bivouac. Plus compact, il est moins lourd et moins volumineux qu'un produit lavant liquide (son poids comprend l'eau contenue dans le produit…!). Je coupe le savon en morceaux, et je ne prends que la quantité nécessaire selon le nombre de jours, cela évite de s'encombrer avec un savon entier.

Si on a de l'eau « propre » à proximité, cela permettra de laver les ingrédients, notamment ceux que l'on mange crus.

GÉRER SES DÉCHETS ET LAISSER LE LIEU PROPRE

Cuisiner dehors, dans un cadre naturel, est un plaisir immense, mais durant ces escapades, il ne faut pas oublier de se comporter comme un invité : être discret et repartir sans laisser de traces de notre passage.

Enfants, avec un copain, nous avions trouvé sur un étang une petite anse discrète, entourée de ronciers et autres buissons épineux rendant son accès difficile. Notre petit paradis. L'accès était difficile et ce lieu nous semblait être un véritable sanctuaire. Nous y passions nos journées à pêcher et observer les oiseaux qui semblaient nous avoir acceptés. Nous n'avions rien installé, rien construit, nous posions nos séants sur un morceau de bâche pour nous protéger de l'humidité et n'allumions pas de feu pour rester discrets. Mais voilà, le lieu n'était ni totalement secret, ni totalement inaccessible. Un jour, quand nous sommes arrivés, un chemin avait été percé dans la végétation, les branches coupées et arrachées, le sol piétiné était jonché de canettes de bière, de morceaux de fils de pêche et de sacs d'amorce vides. L'ambiance et l'harmonie avaient disparu. Nous étions choqués et furieux. Non parce que quelqu'un d'autre était venu dans ce lieu, mais parce qu'il ne l'avait pas respecté. Je retrouve encore aujourd'hui la sensation éprouvée à ce moment-là lorsqu'au détour d'un chemin, je découvre des déchets d'emballages, des canettes, des détritus en plastique, des douilles de chasse… Je suis alors saisi d'une puissante envie de retrouver le coupable et de lui faire avaler ce qu'il a abandonné.

Il suffit pourtant de peu de choses pour respecter un lieu. Pour être bien équipé, nul besoin de faire de gros investissements ou de transporter un matériel encombrant. Le sac-poubelle est un objet parfait pour aller dans la nature : léger, solide et peu encombrant, il permet à la fois de rapporter nos déchets, mais aussi ceux abandonnés par d'autres. Lorsque chacun ramasse quelques immondices laissées par d'autres, cela améliore l'environnement.

LE PETIT COIN

Il faut bien choisir son « petit coin ». Afin de ne pas polluer les cours d'eau (virus notamment), les excréments doivent être abandonnés le plus loin possible de l'eau (minimum de 50 m). Ensuite, il suffit de creuser sa petite cuvette sur une dizaine de centimètres de profondeur dans le sol, en s'aidant d'un bâton ou avec le talon de sa chaussure, où l'on dépose ses excréments. Puis, on recouvre avec de la terre et les matériaux que l'on a enlevés. Les excréments seront cachés et rapidement dégradés dans le sol.

Quand on passe du temps dans la nature, il n'y a pas que les déchets liés à notre cuisine des bois. Les sacs permettent aussi de ramasser le papier hygiénique et nos excréments : même si les crottes sont biodégradables, le spectacle d'un sol jonché de papier toilette et d'étrons n'a rien d'agréable, d'autant qu'il faut plusieurs mois avant qu'ils ne disparaissent. Pire encore : les lingettes ! Elles sont tissées et imbibées de produits chimiques, ce qui rend leur dégradation beaucoup plus longue.

DÉCHETS BIODÉGRADABLES : OUI, MAIS EN COMBIEN DE TEMPS ?

Là encore, il faut se mettre à la place de celui qui arrive sur le site et découvre des peaux de bananes ou des restes de pique-nique. Même biodégradables, les détritus nuisent à la beauté du lieu et des paysages. On peut les enterrer mais il est préférable de les mettre dans son sac-poubelle et de les emporter.

Une pratique consiste à faire brûler le papier hygiénique. L'idée peut sembler bonne mais le risque d'incendie est bien réel, surtout avec les épisodes de sécheresse qui se multiplient !

Avant de quitter un lieu où je me suis installé, à la journée ou plus longtemps, je le regarde à 360 degrés afin de vérifier que je n'ai rien oublié mais également de m'assurer que mon passage est quasiment invisible et que je n'ai pas modifié les lieux.

Quel plaisir, après quelques jours passés dans un lieu sauvage, de repartir serein en laissant un site comme nous l'avons découvert, voire amélioré si on a ramassé quelques déchets sur le chemin du retour !

POISSONS & CRUSTACÉS

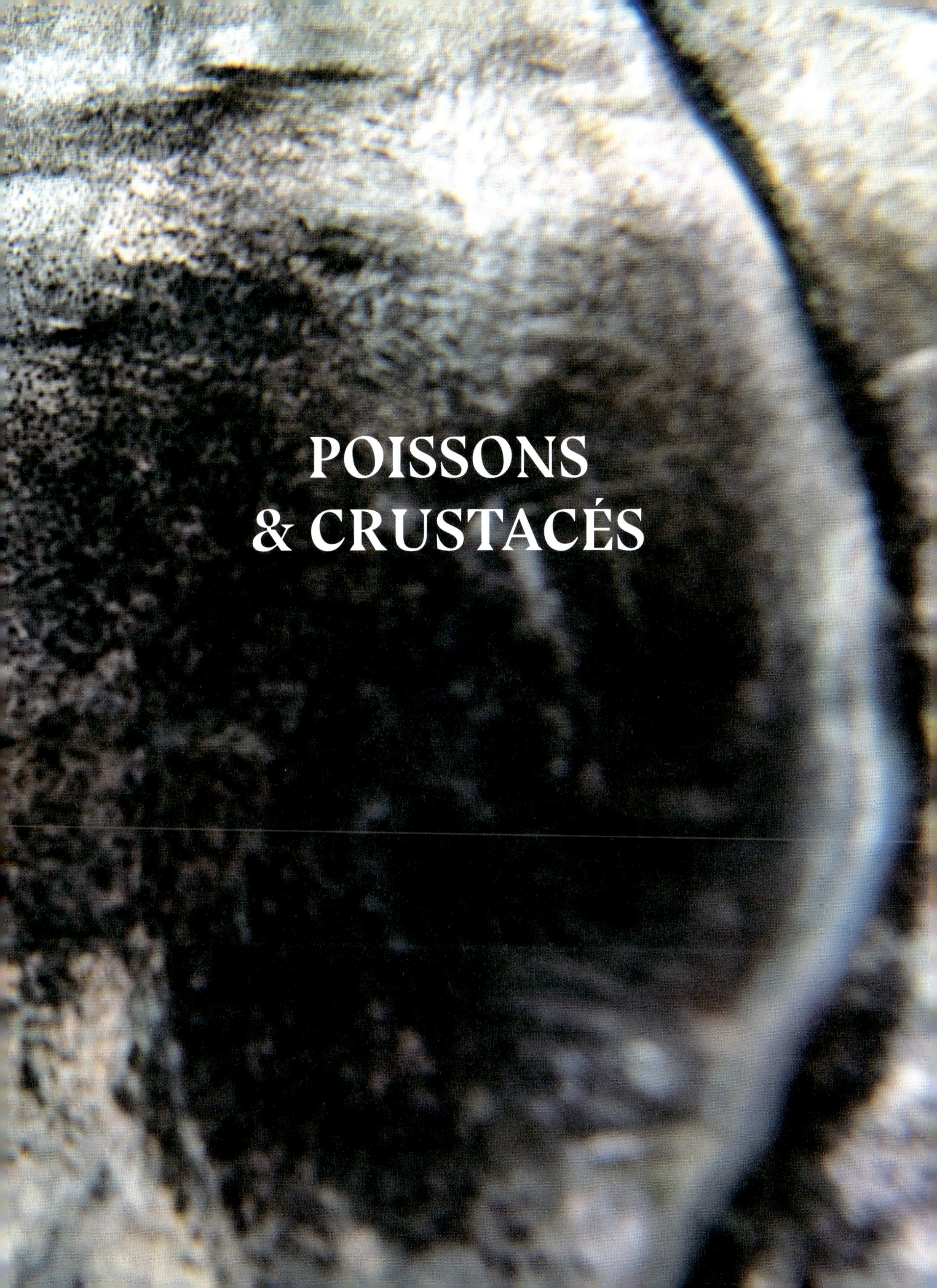

Poisson mariné

Lorsque je voyage et que je pêche, j'ai toujours avec moi un citron, de l'huile, du sel et un sac plastique zippé. Cette recette est délicieuse mais aussi parfaite pour prolonger la conservation d'un poisson. Je l'ai testée avec de nombreuses espèces : des truites islandaises, des caranges au Belize, des capitaines aux Seychelles... à chaque fois, c'est aussi bon, qu'il fasse 35 °C ou -15 °C !

poissons à la chair qui se tient bien
citrons (ou mieux, citrons verts)
huile
sel, poivre

Matériel : sac plastique zippé,

Lever les filets du poisson, les couper en fines lamelles de 3/5 mm.

Dans le sac zippé, verser le jus du citron, le sel, le poivre, l'huile et les morceaux de poisson. Bien secouer le sac après l'avoir fermé. Si le poisson est coupé très fin, il est légèrement cuit après une quinzaine de minutes, grâce à l'acidité du citron, et c'est un excellent ceviche. Mais l'intérêt est que dans ce mélange, le poisson va se conserver beaucoup plus longtemps que cru. Il faut bien sûr essayer de le garder dans le lieu le plus frais possible : en forêt, le mettre à l'ombre sous de la mousse, ou bien le recouvrir avec des plantes type orties ou fougères (ou un morceau de tissu ou du papier journal humide).

On peut ajouter de nombreux ingrédients à cette préparation de base : morceaux de tomates, concombres, câpres, herbes fraîches... et pour une version tahitienne, une boîte de lait de coco.
Le sac zippé n'est pas le contenant qui met le plus en valeur un plat, mais il est peu encombrant, pratique avec son système de fermeture et réutilisable si l'on choisit un modèle de bonne qualité et qu'on le lave bien.

Gravlax

J'ai souvent du poisson très frais car je le pêche moi-même, ce qui est idéal pour toutes les préparations où l'on ne fait pas cuire la chair sur le feu. Si la pêche n'est jamais garantie, elle donne parfois des résultats inespérés : quand le poisson est trop gros ou trop nombreux pour être mangé en un seul repas, je fais un gravlax, ce qui permet de le conserver plus longtemps que cru.

poisson frais
sucre en poudre
sel fin, poivre

Matériel : film plastique alimentaire

Découper les filets du poisson et les couper en largeur de 12/15 cm.

Mélanger sel et sucre avec un peu de poivre. En badigeonner les morceaux de poissons et placer les morceaux chair contre chair.

Emballer très serré avec du papier film alimentaire. Placer au frais pendant 24 heures minimum et 48 maximum.

Sortir le poisson du film, le rincer à l'eau et le trancher ou le débiter en cubes.

Attention, cette recette ne peut pas être réalisée en plein été si l'on n'a pas un bon frigo ou une glacière.

Rillettes de rouget grondin

On peut faire cette recette avec toutes les espèces de poissons ou presque. En mer, les poissons de roche comme les gobies, ou les vieilles, se pêchent facilement depuis le rivage. Ces rillettes sont délicieuses sur des tartines chaudes grillées sur le feu de bois : avec une lichette de whisky, c'est un apéro gastronomique au fond des bois !

poissons
épices : j'utilise souvent du kari gosse (un mélange d'épices gardé secret mais contenant curcuma, gingembre, girofle, que l'on trouve dans les pharmacies du Morbihan, souvent utilisé pour la sauce à l'armoricaine)
beurre
sel, poivre

Facultatifs : herbes, whisky

Matériel : marmite

Lever les filets des poissons.

Mettre de l'eau à chauffer avec les épices, du sel, du poivre... On peut aussi utiliser de la soupe de déchets de poissons (recette page 104). Plonger les filets dans le liquide bouillant. Ils sont cuits en quelques minutes. Verser la préparation dans une assiette, enlever le liquide s'il y en a trop et écraser à la fourchette en ajoutant des morceaux de beurre.

Rectifier l'assaisonnement.

J'ai un faible pour le whisky dans les rillettes de poisson et, je prélève une « rincette » dans ma flasque personnelle pour en ajouter dans ces rillettes.

Crevettes, ail, gingembre & aneth

Les crevettes sont assez faciles à attraper sur les rivages rocheux en printemps et en été. Enfant, je passais beaucoup de temps sur l'estran et je les capturais à la main. Amusant mais assez long : il faut repérer la crevette et avancer délicatement la main vers elle. La crevette se déplace en reculant et il faut placer sa deuxième main en coupelle dans son dos. Avec une épuisette, c'est plus rapide ! Ces petits crustacés sont délicieux et leur cuisson très rapide. Je les préfère cuites à la poêle plutôt qu'à l'eau bouillante, elles ont plus de goût et croustillent.

crevettes
huile olive
gingembre
aneth
ail
sel, poivre

Matériel : galet plat, contenant, poêle, couvercle

Allumer un feu de bois. Ramasser un galet plat qui peut couvrir le contenant dans lequel vous allez cuire les crevettes. Mettre le galet à chauffer dans le feu.

Couper finement l'ail et le gingembre.
Mettre la poêle à chauffer sur la braise, verser un peu d'huile et quand elle est chaude, mettre l'ail et le gingembre puis les crevettes.

Couvrir rapidement avec une poignée d'aneth et le galet brûlant.

Si les crevettes sont vivantes, mettre l'aneth et le galet-couvercle rapidement avant qu'elles ne s'échappent.

Attendre quelques minutes et enlever le galet et l'aneth.

Seiches façon japonaise

J'aime les seiches, les calamars, les poulpes et dans certains secteurs, leur pêche est assez facile. Il est même parfois possible de les attraper à marée basse. Il faut couper les tentacules, ouvrir l'abdomen et bien laver, idéalement sur le lieu de pêche, avec l'eau à volonté. Vidés et nettoyés juste après leur mort, donc très frais, les céphalopodes se conservent mieux. J'ai découvert cette recette lors d'un voyage photo au Japon. L'association huile de sésame grillée - sauce soja - wasabi est délicieuse.

seiche, poulpe, calmars
ou chipirons
huile d'olive ou de sésame grillé
sauce soja
wasabi

Facultatifs (si pas de wasabi ni de sauce soja) : sel, poivre, piment

Matériel : gamelle, grille

Faire un beau feu.

Après avoir vidé et nettoyé les seiches, les badigeonner avec de l'huile. Le plus simple est de les mettre dans une gamelle, d'y verser de l'huile et de remuer avec une cuillère ou avec les doigts.

Poser la grille sur les braises, disposer les seiches, les retourner dès qu'elles sont dorées (attention la cuisson est très rapide).

Une fois dans l'assiette, assaisonner avec de la sauce soja et un peu de wasabi.

Si on n'a pas les ingrédients pour un assaisonnement à la japonaise, l'huile d'olive, le sel et le poivre (avec du piment pour ceux qui aiment quand ça pique) fonctionnent très bien.

Pour une recette plus méridionale, on peut frotter les chipirons avec un morceau d'ail frais avant de les poser sur les braises.

Ets POUEZAT • 56400

Moules fumées au foin

Depuis mon enfance dans un petit village côtier du Morbihan, j'aime traîner sur l'estran. Il y a toujours des choses intéressantes à voir et à ramasser. Les moules sont faciles à trouver en bord de mer : il suffit d'une zone d'estran rocheuse et qui se découvre bien ; évidemment les jours de fort coefficient de marée, la mer se retire plus loin et la pêche est meilleure.

moules
sel, poivre

Matériel : gamelle avec couvercle, foin ou herbe sèche (ramassés là où ils n'ont reçu aucun traitement chimique, ni trop près d'une route pour éviter les polluants), pierre plate ou galet d'un diamètre inférieur à celui de la gamelle

Bien nettoyer les moules et les gratter avec un couteau. En bivouac, je nettoie les poissons et les coquillages là où je viens de les attraper car il y a de l'eau en quantité. Cela permet de rincer les moules et les poissons et de se nettoyer les mains.

Faire un bon feu.
Mettre la pierre plate dans le feu.
Mettre la gamelle sur le feu et la remplir de foin.
Quand la pierre est bien chaude, la mettre dans la gamelle, déposer les moules sur la pierre et enflammer le foin avec un morceau de braise.
Remettre le couvercle et attendre 5/7 minutes.

Sortir les moules et les déguster sur une tartine de pain grillée sur le feu et beurrée, avec un peu de sel, ou encore mieux, de la fleur de sel et du poivre.

Filet de truite cuit & fumé sur planche

Je réalise cette recette très simple quand je pars en bivouac canoë. D'autres espèces de poisson, dont la chair se tient bien et dont le filet mesure au minimum une trentaine de centimètres, comme le lieu jaune, le bar, le sandre, la perche, fonctionnent aussi très bien.

un poisson de 30-40 cm minimum
sel, poivre

Matériel : couteau, sciure de hêtre (à emporter avec soi), planche de bois flotté, pierres, baguette de bois vert, cavaliers, piquets, cordelette

Lever les filets du poisson, saler, poivrer et les laisser reposer une trentaine de minutes. La première étape consiste à trouver une planche de bois flotté ou un morceau de bois avec une surface plane (sinon, tailler au couteau ou avec une petite hache une surface plane sur une grosse branche).

Faire un feu.
Fixer des cavaliers sur la planche tous les 10 cm, en faisant deux lignes parallèles espacées d'une quinzaine de centimètres (plus larges que le filet). Poser le filet à plat sur la planche et y passer des baguettes de bois vert dans les trous des cavaliers pour le maintenir plaqué contre la planche.

Maintenir la planche à la verticale devant le feu (avec des pierres, des piquets enfoncés dans le sol, un piquet et une cordelette). Elle doit être positionnée face au vent pour recevoir la fumée du feu.
Jeter de la sciure dans le feu régulièrement.
La cuisson nécessite entre 15 et 20 minutes.

Déguster sur un morceau de pain grillé. Si en plus, vous ajoutez un morceau de beurre demi-sel, c'est digne d'une table gastronomique !

Filets de rouget ou de maquereau sur pierre

La cuisson sur pierre a l'avantage de ne pas nécessiter beaucoup de matériel, je ramasse la pierre sur place (attention, on ne trouve pas des pierres plates partout mais en bord de mer ou sur les berges de certaines rivières, on a l'embarras du choix), et permet une cuisson excellente. Pour les poissons, j'aime bien la cuisson à l'unilatérale qui conserve beaucoup de saveur et une texture proche du cru.

filets de rouget ou de maquereau mais aussi d'autres poissons pas trop gros et ayant une chair qui se tient (bar, truite...)
légumes (tomates, courgettes, poivrons...)
champignons (girolles, cèpes...)
sel, poivre

Facultatif: beurre ou huile

Matériel: feu, deux pierres plates

Placer deux pierres plates dans la braise.
Lever les filets des poissons, découper les légumes et les champignons.

Sortir les pierres du feu, y déposer une pincée de sel, du poivre, puis les légumes et les champignons sur l'une d'elles et le poisson sur l'autre. Le poisson cuit très vite sur la pierre. Comme je préfère une cuisson à l'unilatérale, c'est le côté peau que je mets en contact avec la pierre : la peau devient craquante, un vrai délice ! L'autre côté reste presque cru. Mais on peut, en fonction du résultat souhaité, retourner les filets et les laisser cuire plus longtemps.

Avant de déposer les ingrédients sur la pierre, on peut y déposer une noix de beurre, ou un peu d'huile. J'aime associer des chairs grasses comme le rouget et le maquereau avec l'acidité de la tomate. Mais on peut utiliser différents légumes à condition de les couper fin et qu'ils n'aient pas besoin d'une longue cuisson.

Soupe de « déchets » de poisson

Pêcher me procure du plaisir depuis mon plus jeune âge et j'adore le poisson frais ! J'ai pêché sur de nombreux sites à travers le monde, en eau douce comme en eau salée. J'ai appris très jeune à tuer, vider, écailler et découper mes prises. Je déteste le gâchis de nourriture et encore plus quand j'ai moi-même tué : après avoir levé les filets d'un poisson, j'essaie d'utiliser les autres parties : tête, queue, arêtes...

têtes, queues, arêtes de poissons
cube de miso (bouillon japonais)
herbes (persil, aneth, laurier...)

Matériel : marmite, bol

Faire un beau feu et suspendre une marmite à demi remplie d'eau au-dessus des flammes.

Ajouter un cube de miso, des herbes, du sel, du poivre et les têtes, queues, arêtes de poissons. Si on a des restes de crevettes ou de langoustines, les ajouter, un peu dans l'esprit d'une bisque.

Laisser mijoter sur le feu, la préparation doit frémir. Bien vérifier qu'il reste toujours du liquide.

Verser ensuite dans un bol et déguster.

Cette soupe peut servir aussi de bouillon pour cuire du riz, des pâtes ou des graines.
Une autre possibilité est de verser le bouillon dans un bol et d'ajouter des cubes de tofu et des herbes fraîches.

Poissons en tronçons

Cette recette est pour moi un basique quand je rentre de la pêche un peu tard, que je suis fatigué et que j'ai la flemme de lever les filets de ma prise. Malgré sa simplicité et sa rapidité, cette recette est délicieuse avec un sandre, un brochet ou un bar.

un poisson de forme longue
(assez gros minimum 600/700 g)
oignons
huile ou beurre
sel, poivre

Matériel : poêle, couteau

Vider et écailler le poisson. Le couper en tronçons d'une dizaine de centimètres. L'astuce, que j'ai découverte avec des spécialistes des chimpanzés lors d'un voyage dans la jungle à Sumatra, est de faire des incisions dans la chair du poisson. Inciser au cutter les parties de chair les plus épaisses permet de cuire à cœur.

Éplucher et couper finement les oignons.
Poser une poêle sur la braise, verser de l'huile ou/et du beurre et faire dorer les oignons et les tronçons de poissons.

Il faut faire cuire assez longtemps si les morceaux sont épais et que l'on aime le poisson bien cuit.
Salez, poivrez, c'est prêt !

Vous pouvez ajouter des légumes (tomates, des courgettes coupées en morceaux), des plantes fraîches, de l'ail, du gingembre, des épices...
En ajoutant un peu d'eau et de la semoule ou du boulgour, vous obtiendrez un plat complet et nourrissant.

LÉGUMES

Poireaux à la braise

On connaît les grillades de viandes ou de poissons, mais les légumes aussi se prêtent bien à la grillade. Le parfum du bois se marie à merveille avec le poireau et cette cuisson sur la braise donne une saveur originale à ce légume.

poireaux, de préférence nouveaux, bien plus tendres
huile d'olive ou citron
eau
sel, poivre

Matériel : gamelle

Mettre les poireaux à tremper 30 minutes dans l'eau froide, les sortir, les égoutter en les secouant énergiquement.

Poser les poireaux sur un lit de braise et les laisser cuire 6/8 minutes puis les retourner sur l'autre face.

Les sortir du feu, saler, poivrer.

On peut les arroser d'un filet d'une d'olive ou et d'un filet de jus de citron.

Légumes grillés dans les flammes

Quand on cuisine sur un feu de bois, on fait cuire les aliments au-dessus de la braise pour éviter de tout faire brûler, ce qui arriverait si on les mettait directement dans les flammes. Il y a quelques années, j'ai observé un chef nordique, Niklas Ekstedt, qui cuisine uniquement au feu de bois, au cœur du feu, là où les flammes sont les plus chaudes. J'ai essayé à mon tour cette technique et ce fut une révélation ! Jamais je n'avais mangé de carottes ou de betteraves avec une telle saveur !

légumes : carottes, betterave, poireaux, aubergines, oignons

Matériel : couteau, grille

Si les légumes n'ont pas reçu de traitement chimique, il n'est pas nécessaire de les laver ni surtout de les peler. Faire un feu puissant, mettre une grille au cœur des flammes et y déposer les légumes. Les flammes vont brûler rapidement la peau des légumes et cette croûte noire protège la chair.

Retourner les légumes sur la grille et maintenir la flambée. Le temps de cuisson est assez long mais dépend de la nature des légumes, de leur taille et de l'intensité du feu. Pour des carottes et des poireaux, il faudra environ 30 minutes, pour une betterave, presque 1 heure.

Sortir les légumes du feu, les laisser refroidir un peu pour ne pas se brûler.

Le mieux pour les carottes est de les trancher dans la longueur et de les manger à la petite cuillère. La chair est un concentré de saveur. La croûte « brûlée » a protégé la chair à l'intérieur du légume mais, pendant la cuisson, ce dernier a perdu de l'eau, ce qui concentre et renforce sa saveur.

Châtaignes au romarin

J'aime l'automne car les jours raccourcissent et je n'ai pas à me lever trop tôt pour être dehors avant le lever du soleil. C'est aussi la période à laquelle je traque les gros bars qui viennent le long du rivage, je cueille les champignons et je me régale de châtaignes. Faciles à trouver, très nourrissantes, les châtaignes dont délicieuses grillées sur la braise. Je n'ai rien trouvé de mieux pour les griller que la poêle à trou… certes encombrante, elle permet de cuire de nombreux ingrédients, notamment des légumes rôtis !

châtaignes
romarin frais
fleur de sel, poivre

Matériel : couteau,
poêle à trous, couvercle

Faire un feu et pendant qu'il prend et que la braise se forme, inciser les châtaignes avec la pointe d'un couteau.

Déposer les châtaignes dans la poêle à trou et poser sur la braise. Il faut environ 10 minutes pour cuire les châtaignes. La peau noire, comme brûlée, s'enlève facilement.

Enlever les châtaignes du feu pour les éplucher et pendant ce temps, disposer les branches de romarin sur le fond de la poêle à trous.

Mettre les châtaignes sur le lit de romarin dans la poêle, remettre sur le feu et couvrir (j'utilise une assiette en métal pour faire couvercle).

Laisser brûler le romarin et ôter la poêle du feu. Assaisonner avec la fleur de sel et le poivre.

Curry de légumes

Mon curry de légumes va faire hurler les puristes, c'est une version très simplifiée et rapide, mais qui constitue un excellent plat composé d'ingrédients simples, même avec des légumes un peu passés, à condition que la crème de coco et le curry soient de très bonne qualité. Ce plat peut se manger chaud ou froid et la cuisson au feu de bois lui donne un goût unique dont je raffole.

huile
oignon
ail
légumes : patate douce, carottes, aubergine, pomme de terre, courgette
une boîte de crème de coco
sel, poivre et épices à curry

Matériel : couteau, gamelle, couvercle

Mettre de l'huile dans une gamelle, la poser sur le feu. Quand l'huile est chaude, y faire revenir les oignons finement tranchés. Ajouter les légumes coupés en morceaux de 4-5 cm.

Ajouter un peu d'eau et faire cuire avec le couvercle au bord du feu (il ne faut pas que cela chauffe trop fort).

Quand les légumes sont presque cuits, ajouter la boîte de crème de coco (à partir là, ôter le couvercle car cela risque de faire « cailler » la crème de coco).

On emporte peu de choses quand on cuisine en « bivouac » et choisir une épice de qualité est un plus ! Ma préférence va au curry de chez Roellinger : poudre curry Madaras ou poudre curry Bombay.

Carpaccio de cèpes

J'ai longtemps trouvé le cèpe mou et spongieux. Quand je l'ai mangé cru et snacké, j'ai enfin découvert les qualités de ce champignon. Le carpaccio nécessite des champignons parfaits, exempts de vers et bien fermes. En général, pour cette recette, j'utilise des cèpes de quelques centimètres de haut ayant une forme de bouchon de champagne, les « petits bouchons ».

cèpes « petits bouchons »
fleur de sel (ou sel)
poivre
huile (ma préférée pour cette recette est l'huile de noisette)

Matériel : couteau

Ne pas laver les cèpes mais simplement les nettoyer avec la pointe du couteau s'ils sont un peu terreux ou si des feuilles sont collées au chapeau.

Trancher les cèpes en fines lamelles de quelques millimètres. Plus la lame de votre couteau sera tranchante et fine, plus cette découpe sera facile. Disposer les tranches sur une assiette, une pierre, une pagaie… et arroser d'un filet d'huile.

Poivrer et saler (idéalement avec de la fleur de sel).

Omelette au riz, oignons roses & orties (et sa déclinaison sucrée)

Les omelettes sont faciles à faire et on peut en faire à tout ou presque. Le riz est un indispensable quand on se déplace dans la nature, j'en ai toujours un sac. Il se conserve et se transporte bien et sert de base à de nombreuses recettes salées ou sucrées. Dans cette recette, j'associe deux ingrédients « incontournables », faciles à conserver, nourrissants, et permettant une multitude de préparations salées ou sucrées.

ail
oignons (1 gros, rose de préférence et 1 petit)
gingembre
jeunes feuilles d'ortie
œufs
riz cuit
sel, poivre

Matériel : poêle

Mettre un oignon rose (ou une autre variété) dans la braise sans le peler, idéalement en bord de feu. Si la braise est trop chaude, réduire sa force en la mélangeant avec un peu de cendres. Recouvrir entièrement l'oignon et le laisser cuire une petite heure. Bien sûr, le temps de cuisson dépend de la chaleur de la braise, de la taille de l'oignon mais aussi de sa variété.

Émincer un autre oignon et le faire revenir dans l'huile. Ajouter l'ail et le gingembre haché. Casser les œufs dans la poêle et mélanger vigoureusement en ajoutant le riz déjà cuit. Saler, poivrer et ajouter les jeunes feuilles d'orties coupées en petits morceaux.

Servir avec l'oignon cuit à la braise épluché et en morceaux.

Je fais parfois cette recette en version sucrée : j'ajoute, au choix, du sucre en poudre, du miel, de la confiture, du lait concentré sucré, des fruits secs ou frais, des éclats de chocolat au mélange œufs-riz cuit.

Omelette aux asters

L'omelette permet d'utiliser les restes de nourriture. Un autre avantage est que l'on peut la manger chaude ou froide : si on se fait une grosse omelette le soir, ce qui reste peut constituer le déjeuner du lendemain. En général, je fais cuire un peu plus la deuxième moitié destinée au lendemain : elle se conserve et se tient mieux (plus facile à manger avec les mains !).

oignon
œufs
asters ou autres plantes
beurre ou huile
sel, poivre

Facultatifs : on peut ajouter presque tout à une omelette ! Pommes de terre en petits dés, tomates, courgettes, viande froide, thon, sardines en boîte, herbes et bien sûr fromage !

Matériel : couteau, bol, poêle

Découper un oignon. Après l'avoir coupé en fines lamelles, le faire revenir dans une poêle avec de la matière grasse.

Quand il est presque cuit, ajouter les asters.
Dans un bol, battre les œufs avec une fourchette et verser dans la poêle.

La cuisson des omelettes est affaire de goût : plus la poêle est chaude et plus la cuisson est rapide et permet d'obtenir une omelette baveuse. Si le feu est doux, la cuisson sera plus longue mais l'omelette sera bien cuite à cœur.

Souvent, pour limiter les contenants à laver, je casse les œufs dans la poêle et je remue très vite pour mélanger blanc et jaune. J'aime aussi avoir les deux dans mon assiette : je laisse un œuf que je ne mélange pas et j'ai ainsi un mélange omelette/œuf.

Tofu grillé fumé aux amandes & herbes

Si je me suis régalé de tofu lors de mes voyages au Japon, je n'ai jamais retrouvé en France ce goût si particulier ; en général, je le trouve fade et mou. Il n'a d'intérêt que préparé. Le tofu sous vide, que l'on trouve en magasins bio, est facile à transporter et se conserve bien. Pour cette recette, je le prépare comme un morceau de viande.

tofu
amandes
huile

Facultatifs : herbes (plantain, oseille fleur de sel, poivre, piment)

Matériel : grille, poêle

Déposer le bloc de tofu sur une grille au-dessus d'une braise très vive, pour qu'il grille et gagne en croquant. Le laisser dans la fumée du feu pour qu'il prenne ce goût délicieux de la fumée de bois.

Pendant ce temps, faire revenir des amandes concassées dans une poêle bien chaude pour les torréfier et renforcer leurs arômes.

Passer les herbes dans la poêle ayant servi aux amandes, avec un peu d'huile pour les faire cuire juste assez pour qu'elles deviennent craquantes.

Poser le bloc de tofu grillé et fumé sur une assiette ou une planche, y déposer les amandes concassées grillées, les herbes, un filet d'huile, une pincée de fleur de sel et du poivre. Pour relever l'ensemble, saupoudrer un peu de piment en poudre.

On est très loin du bloc de tofu blanc et mou du départ !

Soupe de coulemelles à la poêle

J'aime ramasser des champignons et les manger. Les coulemelles ont pour moi un parfum d'enfance. J'habitais en bord de mer et il n'y avait pas beaucoup d'arbres, alors aller à la cueillette consistait souvent à sillonner des zones sableuses où poussaient des coulemelles. La première fois que j'ai trouvé ces champignons, j'étais vraiment petit et leur taille m'avait vraiment impressionné (jusqu'à 40 cm de hauteur !). Ce champignon a le défaut d'être assez ferme, voire un peu dur. En soupe, on évite ce problème.

coulemelles
ou autres champignons
beurre ou huile
ail
herbes
eau
sel, poivre

Facultatifs : poitrine (fumée), crème fraîche, cube de bouillon

Matériel : poêle

Bien laver les coulemelles, surtout si on les ramasse dans une zone sableuse car il est désagréable de sentir les grains crisser entre les dents.
Les hacher le plus finement possible (chez soi, le mixeur est une bonne solution).

Mettre dans la poêle la matière grasse, l'ail coupé finement et les morceaux de coulemelles, faire cuire plusieurs minutes en remuant.
Si on utilise de la poitrine, la détailler en « lardons » et la mettre à cuire à ce stade.
Saler, poivrer et verser l'eau. Laisser mijoter plusieurs minutes.
Le fait de couper fin et de faire la recette dans la poêle permet de cuire plus rapidement les ingrédients, mais aussi de les faire revenir et roussir, ce qui change le goût.

J'aime les soupes de champignons bien poivrées, on peut aussi ajouter des épices pour varier le goût si le régime coulemelles dure plusieurs repas.
L'idéal pour les gourmands est d'ajouter une cuillère de crème fraîche au moment de servir, mais la crème est peu pratique pour la vie au grand air puisqu'elle se conserve au froid.

Soupe cuisson rapide

En France, pour faire une soupe, on a l'habitude de plonger les légumes dans l'eau et de laisser cuire assez longtemps. Dans cette soupe, le principe est inverse : on verse l'eau bouillante sur les ingrédients et la cuisson dure 2 ou 3 minutes, ce qui nécessite de choisir des ingrédients qui n'ont pas besoin de longue cuisson (éviter la pomme de terre, par exemple), de les couper fin, et d'aimer les légumes *al dente*.

céleri branche et/ou carotte
et/ou courgette
ail
gingembre
cube de bouillon (poule, légumes, bœufs…) ou sauce soja
sel, poivre

Matériel : popote, couteau, planche improvisée ou non

Mettre l'eau à chauffer. En général, sur un bivouac, j'ai toujours une popote d'eau sur le feu, l'eau chaude étant toujours utile.

La découpe de légumes nécessite un couteau qui coupe bien et un appui stable. L'idéal serait une planche à découper, mais il est rare de partir en vadrouille avec cet ustensile. J'utilise souvent le plat de la pagaie de mon canoë ou je découpe une surface plane dans une grosse branche avec une petite hache ; parfois, en bord de mer, de lac ou de rivière, je récupère une planche de bois flotté sur le rivage. Le dessus d'une caisse, voire d'une glacière fait aussi l'affaire.
Hacher finement une gousse d'ail, un morceau de gingembre, du céleri branche et/ou carotte et/ou courgette. Mettre tous les ingrédients dans un bol.
Ajouter un cube de bouillon ou de la sauce soja.
Arroser avec l'eau bouillante, et attendre quelques minutes.
Goûter et rectifier l'assaisonnement en sel et en poivre.
En général, la sauce soja et les cubes de bouillons sont assez salés, mais tout dépend de vos goûts.

Avant de mettre l'eau bouillante, on peut aussi ajouter des herbes et des plantes que l'on vient de ramasser : ortie, plantain, pissenlit, oseille, salicorne finement hachée…

La « trapiflette »

Il y a quelque temps, j'ai illustré l'ouvrage *Fromages sauvages* d'un fromager passionné, Augustin Denous. Nous partageons la passion du bien-manger et des bons repas. Il m'accompagne parfois sur des bivouacs et lors de notre dernière virée avec quelques « coureurs de rivière », Augustin a apporté une tomme jeune de fromage de vache Pie Noire de la ferme de bois Joubert. Un vent glacial soufflait en permanence sur le lac, et l'île où nous campions était une vraie glacière. C'est ainsi qu'est née la « trapiflette », qui associe fromages, oignons et pommes de terre : une valeur sûre quand le temps est froid !

oignons
pommes de terre
fromage
huile
sel, poivre

Facultatif : vin blanc

Matériel : couteau, gamelle, couvercle

Mettre la gamelle sur le feu. Mettre de l'huile et y déposer les oignons en lamelles. Faire revenir, ajouter les pommes de terre épluchées et coupées en morceaux (plus les morceaux sont petits, plus ils cuisent vite mais plus ils risquent de s'écraser).
Saler et poivrer, ajouter un peu d'eau, ou mieux de vin blanc, pour ne pas que la préparation brûle.
Couvrir et laisser cuire une bonne demi-heure, remuer de temps en temps.

Quand les pommes de terre sont presque cuites, poser des tranches de fromages sur le dessus, remettre le couvercle et laisser mijoter délicatement.
Quand le fromage est fondu et a bien imprégné les pommes de terre, la « trapiflette » est prête.
Ce sera un repas copieux, qui devrait réchauffer les convives, d'autant plus s'il reste du vin blanc !

On peut faire une multitude de variantes avec cette recette : ajouter des morceaux de poitrine, fumée ou non, du chorizo… Elle permettra d'utiliser des fromages qui ont un peu souffert au fil des jours et que l'on hésite à manger tels quels.
Lors des bivouacs à plusieurs (au-delà de 3), s'il n'y a pas de souci de portage, j'aime emporter une grosse gamelle. Ma préférée est une gamelle en fonte, évidemment trop lourde pour une randonnée sac au dos, mais idéale au fond d'un kayak ou d'un canoë pour un groupe !

VIANDES

Pièce de bœuf cuite sur la braise

J'ai découvert cette recette de viande cuite directement sur les braises dans un roman de Jim Harisson, dans lequel un Indien préparait sa viande ainsi. Elle ne nécessite aucun matériel, l'idéal en bivouac et pour un randonneur qui croise une bonne boucherie dans un petit village. Il suffit de sentir les arômes puissants de torréfaction qui se dégagent quand on pose la viande sur les braises pour saliver.

morceau de bœuf
de 3 à 6 cm d'épaisseur
sel
poivre en grains

La viande doit être à température ambiante, penser à la sortir de la glacière ou du frigo un petit moment avant de commencer la cuisson.

Bien saler et poivrer (idéalement du poivre fraîchement et grossièrement concassé. Si on n'a pas de moulin, on peut écraser les grains avec le dessous d'une tasse, d'un verre, un galet…). Ne pas hésiter à être généreux.

Le feu doit être vif, mettre du bois non traité et produisant une belle braise : hêtre, chêne, charme…
Placer la viande directement sur la braise.
Faire griller de chaque côté quelques minutes, 4 ou 5.

Retirer la viande du feu et bien la secouer pour éliminer les morceaux de cendres et de braise.

Il n'y a pas besoin d'assaisonner, c'est normalement suffisamment salé et poivré.

Poitrine fumée ou morceaux de viande sur pique de bois

Imaginez que vous êtes perdu au fond des bois, seuls le bruit du vent dans les feuilles et les premiers appels de la chouette hulotte troublent le silence de la nuit, le feu crépite. Chacun de vos compagnons d'aventure, installés en tailleur autour du feu, tient dans sa main son nécessaire de cuisson : une pique en bois. Cette recette peut être faite avec toutes les viandes ne nécessitant pas une longue cuisson (plus les morceaux de viande sont minces et plus la cuisson est rapide).

poitrine ou viande de bœuf,
volaille, pigeon…
(possible aussi avec du poisson)
sel, poivre

Matériel : piques en bois

Trancher finement les morceaux de poitrine fumée, ou du bœuf coupé comme pour une pierrade, ou une volaille découpée en petits morceaux (le pigeon est excellent de cette façon). Enfiler les morceaux sur des petites piques de bois. Je coupe des piques en fonction de la manière dont je vais les tenir : si on les tient à la main comme les enfants qui font griller des chamallows, prévoir des piques assez longues pour ne pas se brûler la main. On peut aussi enfoncer les piques dans le sol, en taillant l'extrémité en pointe (pour du poisson entier, laisser les écailles, et pour des filets, les retourner régulièrement). On peut aussi faire un petit support avec une pique en bois en forme de Y. L'idéal est de prévoir une série de piques de rechange pour remplacer celles qui commencent à se consumer dans le feu.
Ce qui est intéressant avec cette méthode, c'est que si on est plusieurs, chacun peut choisir la cuisson de sa viande.

La cuisse à la ficelle

Quand j'étais enfant, mon père me disait toujours que je devais avoir deux choses dans ma poche : un couteau et une ficelle. Selon lui, avec cet équipement, on pouvait faire face à presque tout. J'ai remplacé la ficelle par de la paracorde et le couteau est à ma ceinture mais la leçon est retenue !

cuisse de volaille ou gigot d'agneau,
cuisse de chevreuil ou biche
sel, poivre
huile

Matériel : ficelle supportant le poids du morceau de viande

Si on part léger, sans grille, sans poêle ni gamelle, il est possible de cuire de la viande avec une cordelette ou une ficelle. L'idée d'utiliser un simple morceau de ficelle pour pendre la viande au-dessus de la chaleur du feu est très connue pour le gigot (la fameuse recette du gigot à la ficelle). Mais cette technique fonctionne bien avec des cuisses plus petites, comme celles de canard, de poulet, de dinde. En suspendant un morceau de viande, comme une cuisse qui a une forme de poire, la partie la plus longue à cuire est celle qui recevra le plus de chaleur.

Le gigot, la cuisse de biche ou de chevreuil se prêtent bien à cette technique car on peut passer la ficelle entre le tendon et l'os. L'autre extrémité de la ficelle est accrochée à un piquet solidement planté dans le sol, le gigot suspendu à la même hauteur que les flammes, à environ 30 cm.

Il faut surveiller la cuisson, qui dure environ 2 à 2 h 30. Pour protéger la viande, l'idéal est de l'avoir badigeonnée d'huile mélangée avec du poivre et des herbes, et de faire régulièrement tourner le gigot. Pour les cuisses de volaille, on procède de la même façon, mais la cuisson est beaucoup plus rapide.

Bœuf jerky

Le jerky est très populaire aux USA, où on le trouve dans tous les magasins d'articles de sport en extérieur et même dans les stations-service. Le jerky, de la viande séchée et salée, sera bien meilleur si on le fait mariner dans un mélange d'épices avant de la sécher. Ma marinade, à base de sauce soja et d'épices, donne de la viande un peu épicée et sucrée.

bœuf 1,5 kg (morceau sans gras)
3 c. à c. de sel
4 c. à c. de poivre moulu
2 c. à c. de piment Espelette
2 c. à c. de gingembre en poudre ou râpé
3 c. à c. de sauce soja
3 c. à c. de miel liquide

La première étape de cette recette assez simple est de sélectionner un morceau de viande de bœuf (mais on peut le faire avec d'autres viandes rouges, les Indiens utilisaient le bison) contenant peu ou pas de graisse, un grain distinct et un tissu conjonctif minimal. Certains congèlent la viande pendant environ 1 heure, avant de la couper et de la trancher (cela facilite le découpage en tranches ; l'épaisseur idéale est comprise entre 5 et 8 mm, coupée dans le sens du grain).

Une fois la viande parée et coupée, la mélanger à la marinade avec soin, afin que toutes les faces des morceaux de viande soient en contact avec la marinade. Mélanger la marinade dans un bol, puis la mettre avec la viande dans un sac zippé est également une excellente tactique.

Placer ensuite dans le réfrigérateur ou une glacière. Elle doit reposer pendant au moins 24 heures, mais on peut aller jusqu'à 48 heures avant de la sécher. Cela donne à la marinade suffisamment de temps pour aromatiser la viande et garantit que le sel a pénétré complètement dans les tissus musculaires.

Matériel : contenant pour la marinade (ou sac en plastique zippé)

Le jerky est un aliment de randonnée qui se conserve très bien car il est presque complètement déshydraté, mais pas cuit. À la maison, je sèche mon jerky dans le four, à environ 50/60 °C, la porte légèrement ouverte pour évacuer l'humidité. Il faut être patient car le séchage peut prendre entre 5 et 7 heures. Le jerky est prêt lorsqu'il est sec et raide, et que les fibres musculaires individuelles se cassent lorsqu'on plie ou qu'on déchire un morceau. À la maison, je le stocke au congélateur si je veux le garder très longtemps et dans un sac en papier dans un endroit sombre et frais pour un stockage à court terme. Quand je pars, je mets les morceaux de jerky dans un sachet — attention aux sachets plastique : fermés en plein soleil, ils « transpirent », ce qui écourte la conservation.

Il est possible de sécher la viande dans un fumoir ou même sur le terrain : faire un petit tipi, dans un endroit ensoleillé et avec une bonne brise, avec des branches d'une section supérieure à un manche à balai. Y suspendre les morceaux de viande sur des tiges de bois. Allumez un feu et l'entretenir pendant que la viande sèche. Par mesure de sécurité, surveillez le feu et assurez-vous d'avoir à portée de main le matériel nécessaire pour l'éteindre. Si vous voulez donner un goût fumé plus prononcé à la viande, ou s'il y a besoin de la protéger davantage contre les insectes, du bois vert peut être ajouté au feu pour augmenter le volume de fumée. S'il y a trop d'insectes, couvrir avec des branches de pin vertes.

Caille rôtie au romarin en papillote

La viande blanche des volailles est assez délicate et brûle facilement si on la fait cuire directement sur la braise. Une cuisson en papillote permet d'éviter cet écueil et conserve le moelleux de la chair. Ici, j'utilise du romarin de mon jardin, mais on peut utiliser d'autres plantes, comme du thym, de l'estragon : l'idéal est de cueillir les plantes et les herbes juste avant le départ et de les rouler dans un tissu ou du papier absorbant.

caille
romarin
beurre ou huile
sel, poivre

Matériel : couteau, morceau de papier aluminium, branche de 40 cm environ

Badigeonner la caille avec le beurre ou l'huile, la saler et la poivrer, la farcir avec le romarin. L'emballer dans le papier aluminium et placer la papillote dans la braise.

Attendre environ 7 minutes. Si vous n'avez pas de montre, compter environ jusqu'à 450. Sortir la caille, la piquer sur une branche d'une quarantaine de centimètres et la faire dorer sur la braise.

Pigeon grillé en crapaudine

La technique en crapaudine est la plus simple pour cuire une volaille sur un feu de bois. Cette façon d'apprêter une volaille lui donne l'allure d'un crapaud mais surtout diminue son volume et la transforme en une surface presque plate. Elle est parfaite pour un pigeon mais aussi pour un poulet ou des cailles.

pigeon
sel, poivre

Facultatifs: huiles, herbes

Matériel: couteau, support stable, 2 tiges de bois vert d'environ 1 cm de diamètre et 40 cm de longueur

Couper le pigeon au niveau du dos sur toute la longueur. Attention, il faut trouver un support bien stable et avoir un couteau doté d'une bonne lame. Poser ses deux mains à plat sur le dos du pigeon et appuyer de tout son poids pour écraser la carcasse: elle doit être la plus plate possible. Couper deux tiges de bois vert (il brûlera moins facilement que du bois sec).

Faire cuire la partie ventrale en premier: quelques minutes suffisent. Le retourner.

On peut aussi badigeonner le pigeon avec de l'huile agrémentée ou pas d'herbes et d'épices.

Petit salé aux lentilles

J'aime les plats en sauce quand on est nombreux autour du feu. Ils ont l'avantage d'être simples à faire en grande quantité. Une fois que le couvercle est posé sur la gamelle et qu'ils mijotent, on n'a plus rien à faire (juste un coup d'œil de temps en temps pour vérifier la cuisson) et on peut déguster l'apéro autour du feu.

poitrine, fumée ou non,
ou saucisson sec ou chorizo
oignons
lentilles vertes
carottes
laurier
huile ou beurre
sel, poivre

Matériel : couteau, grande gamelle idéalement en fonte, couvercle

Faire un feu. Éplucher et couper finement les oignons. Dans une grande gamelle placée sur le feu, mettre un peu de matière grasse et y déposer les oignons. Ajouter des morceaux de poitrine fumée taillée en lardons ou des rondelles de saucisson sec (coupées en 3 ou 4). Faire dorer et ajouter les lentilles vertes, les carottes coupées en petits morceaux, mettre de l'eau à hauteur et couvrir.

Saler et poivrer, mettre une feuille de laurier, remettre le couvercle. Attendre 30 minutes pour que la préparation soit cuite.
Surveiller la cuisson : il faut toujours qu'il y ait du liquide au fond pour ne pas que ça brûle et colle à la gamelle. Le temps de cuisson dépend de vos goûts, selon que vous aimez les lentilles un peu croquantes ou très cuites, presque en purée.

S'il reste de la préparation le lendemain, on peut la manger froide avec un filet d'huile.
On peut aussi s'en servir comme base pour une salade froide en ajoutant des oignons, tomates, herbes fraîches… avec des morceaux de poissons et en particulier du poisson fumé, c'est excellent.

Omelette piperade-chorizo

Le chorizo est aussi pratique qu'un bon saucisson sec : il se conserve merveilleusement, on peut le manger tel quel si on a un creux dans la journée. Mais il a un petit plus qui fait de lui un extraordinaire ingrédient pour la cuisine : c'est aussi une épice. Coupé en petits morceaux et ajouté à un plat, il le transforme ! Et il va avec tout, des légumes, du fromage, une huître chaude... et bien sûr, des œufs.

oignons ou oignons nouveaux
ail
légumes : tomates, poivrons, piment, courgettes, pommes de terre...
œufs
chorizo
sel, poivre

Matériel : poêle, couteau

Attention il y a chorizo et chorizo, il faut un bon chorizo, fait avec de la viande par un petit producteur, qui tient bien à la cuisson et avec un parfum naturel et agréable.

Faire chauffer une poêle sur le feu, y mettre des morceaux de chorizo finement coupés (je coupe des rondelles fines que j'empile par trois ou quatre, et je coupe dans le sens de la hauteur : rapide et efficace).

Mettre les morceaux de chorizo dans la poêle pour les faire griller, ajouter l'oignon coupé finement, les légumes : d'abord ceux qui nécessitent une cuisson plus longue puis ceux qui cuisent rapidement.

Quand les légumes sont cuits, ajouter les œufs, en mélangeant bien entre chaque ajout pour mélanger œufs et légumes. Saler, poivrer et faire cuire comme une omelette.

On peut manger cette omelette chaude, froide et même entre deux tranches de pain comme un sandwich.

SUCRÉ

Bananes grillées au gingembre, noix & noisettes torréfiées

Ce n'est pas parce que l'on est au fond des bois que l'on ne peut pas s'offrir un peu de douceur. Même avec peu d'ingrédients et une cuisine limitée à un feu de bois et une bûche de découpe, on peut cuisiner de bons desserts… parmi lesquels cette recette de banane. En général, je la fais quand les bananes ont un peu souffert ou commencent à être vraiment trop mûres.

bananes
noix, noisettes, amandes,
noix de cajou, seules ou en mélange
miel ou sucre
gingembre
beurre ou huile

Matériel : couteau, gamelle
ou poêle

Dans la poêle ou la gamelle, faire revenir sur feu vif les noix et les noisettes grossièrement concassées pour les torréfier. Les ôter du feu.
Remettre la poêle ou la gamelle sur le feu avec un peu de matière grasse, faire revenir les tronçons de banane. Ajouter du miel (ou du sucre) et le gingembre frais finement haché.

Servir les morceaux de bananes bien dorés avec les éclats de noix et noisettes torréfiées.

Ingrédients incontournables de mes déplacements, les fruits secs sont gourmands tels quels et remplacent facilement un repas : ils remplissent bien l'estomac. Quand on les passe dans une poêle brûlante, la torréfaction dégage une odeur délicieuse, leur donne une belle couleur et une saveur grillée.

Pancakes à agrémenter de petits fruits

Les pancakes offrent une alternative au pain, souvent difficile à conserver quand on vit dehors. On les fait cuire facilement sur un réchaud ou sur un feu de bois. J'utilise deux méthodes différentes pour les pancakes : soit je fais une préparation sèche avant de partir, qui ne nécessite qu'un ajout d'eau (solution idéale si l'on veut voyager léger), soit j'emporte les ingrédients et je fais ma pâte au dernier moment.

Pâte à pancake « sèche »
200 g de farine
1 c. à s. de levure
25 g de lait en poudre
une pincée de sel
1 sachet de sucre vanillé
Sur place : 200 ml d'eau

Pâte à pancake « humide »
1 c. à s. huile (ou de beurre… meilleur, mais plus difficile à conserver)
1 c. à s. de sucre (brun ou roux, c'est meilleur)
150 g de farine (on peut aussi faire un mélange 2/3 farine de blé et 1/3 farine de sarrasin. Je suis fan du sarrasin : probablement par mes origines bretonnes, mais surtout car il apporte beaucoup de goût)
1 c. à c. de levure
200 ml lait
1 œuf

Stocker le mélange sec dans des sacs congélation zippés. Pour préparer la pâte, il suffit d'ajouter l'eau au mélange et de remuer énergiquement.

Cuire délicatement à la poêle avec un peu de matière grasse.

Mélanger tous les ingrédients.
Faire chauffer la poêle, y déposer la matière grasse et faire cuire les pancakes.

Il ne reste qu'à mettre un peu de confiture, ou de compote et des petits fruits sur le pancake.

Tartine chaude de pain d'épice & figues

Cette douceur se fait ici avec de la figue, mais s'accommode à merveille avec l'abricot, la pomme, la banane. Quant au pain d'épice, on peut lui substituer une tranche de brioche, même un peu « passée », puisqu'elle sera dorée au beurre.

figues
beurre
pain d'épice

Matériel : couteau, grille, pierre plate

Mettre une pierre plate dans le feu et la laisser chauffer 20/30 minutes.

Découper la figue en fines tranches de 6/8 mm. Sortir la pierre brûlante du feu avec précaution (utiliser deux branches comme pince).

Déposer un morceau de beurre puis les tranches de figues sur la pierre. Les saisir puis les retourner rapidement pour éviter qu'elles collent.

Poser les tranches de pain d'épice sur une grille au-dessus des braises ou sur une autre pierre chaude. Attention, le pain d'épice est riche en sucre et brûle très vite, mais le faire griller lui donne une autre texture, plus croquante, et renforce ces arômes. Déposer les tranches de figues sur le pain d'épice.

Flan de fruits rouges

J'ai du mal à terminer un repas sans note sucrée. En bivouac, j'emporte peu d'ingrédients mais j'aime qu'ils soient polyvalents, comme les œufs qui servent à préparer des plats salés comme sucrés. La seule subtilité de ce « flan de fruits », très simple à réaliser, est de le cuire de tous les côtés : il faut donc un contenant avec un couvercle qui peut aller au feu et que l'on peut recouvrir de braises.

œufs
sucre
fruits rouges : myrtilles, mûres, framboises ou autres, poires, pommes, bananes… mais le plaisir est toujours plus intense quand on a ramassé soi-même les fruits !

Facultatif : alcool

Matériel : contenant de type bol, gamelle, couvercle

Dans un bol, battre les œufs et le sucre avec une fourchette.
Ajouter du rhum mais ça marche aussi avec du whisky, de l'alcool de fruit, type eau-de-vie, de pommes, prunes…
Mettre la préparation dans la gamelle, ajouter les fruits rouges grossièrement écrasés ou les fruits coupés en petits morceaux.

Écarter les morceaux de bois du feu, placer la gamelle dans la braise, recouvrir de braise et laisser cuire entre 6 et 12 minutes.
Si la cuisson n'est pas parfaite quand on sort le contenant du feu, le remettre quelques minutes.

Poire au chocolat en papillote

Le papier aluminium est décrié mais je n'ai rien trouvé de mieux pour une cuisson directe dans les braises ou sur la flamme. Pour cuisiner en extérieur, il suffit de glisser quelques feuilles dans son sac pour disposer d'un système de cuisson simple, efficace et léger. On peut presque tout faire cuire en papillote, y compris des pommes ou des poires pour un dessert.

poire
chocolat

Facultatifs : pommes, abricots, banane

Matériel : couteau, papier aluminium

Laver la poire.
Couper la pointe de la poire à environ 4 cm du haut.
La creuser avec un couteau et en extraire les pépins...
Remplir la cavité avec le chocolat cassé en morceaux.
(En général, j'utilise le chocolat qui a un peu voyagé dans mon sac et qui commence à blanchir ou est en miettes).
Reposer le morceau coupé comme un couvercle.
Emballer la poire avec l'aluminium en le rabattant vers la pointe, la poire doit devenir une sorte de culbuto emballé d'alu.

Mettre dans la braise, bien veiller à ce que la pointe soit toujours dirigée vers le haut. Pour ne pas brûler la poire, je mélange cendres et braises avec un bâton sur le côté de mon feu de camp, ce qui évite que la chaleur soit trop intense.
Attendre quelques minutes.

Attention en déballant la poire à ne pas vous brûler, ni à faire tomber des cendres sur le fruit.

Bananes en robe des champs

Les bananes sont pratiques en voyage car elles sont nourrissantes, se conservent bien et leur chair, à l'abri de leur peau, est toujours propre. Quand je voyage à l'étranger et que je ne suis pas sûr de ce que je trouve à manger (risque de gastro), elles sécurisent mes repas ! Et la peau peut aussi être utilisée comme « papillote ».

bananes
noisettes ou autres fruits secs
miel

Matériel : couteau, grille

Faire un feu et déposer les bananes avec leur peau sur une grille.
Laisser cuire environ 20 minutes.

Sortir les bananes, fendre la peau et badigeonner la chair avec le miel et saupoudrer de fruits secs.

STAUB

Cassolette de galettes & figues

Les biscuits secs sont faciles à transporter et offrent souvent un peu de réconfort au cours de la journée. J'ai régulièrement des biscuits et galettes qui, suite à des chocs, sont abîmés et réduits en miettes dans mes poches ou mes sacs. Je les utilise pour faire ce dessert simple, rapide et délicieux.

galettes ou biscuits
alcool
fruits : figues, poires, pommes, fruits rouges

Facultatif : beurre.
Bien que facultatif, il apporte un vrai plus à cette recette mais je suis breton !

Matériel : petite gamelle, couvercle

Émietter les galettes entre les mains si cela n'a pas déjà été fait pendant le transport. Les mélanger avec quelques morceaux de beurre, et disposer au fond, sur une épaisseur de 2 ou 3 cm, d'un contenant avec couvercle pouvant aller dans la braise.
Verser un mélange d'eau et d'alcool pour imbiber les galettes beurrées.
Mettre une couche de figues tranchées sur une épaisseur de 2 ou 3 cm.
Remettre une couche de galette émiettée et des morceaux de beurre.

Placer dans la braise, recouvrir et attendre entre 20 et 40 minutes en fonction de la braise mais aussi des fruits : les figues sont rapides à cuire.

Pain perdu, sauf pour moi

Quand on part pour plusieurs jours, il est souvent difficile de savoir quelle quantité de pain il faut emporter. Je choisis le pain le plus « résistant possible » : un pain de boulanger avec une farine complète, une mie serrée et une croûte solide, nourrissant et qui tiendra plusieurs jours.

pain dur, voire rassis
œufs
lait
huile ou beurre
sucre ou autre sucrant : miel, confiture, pâte à tartiner…

Matériel : couteau, assiette creuse

Allumer un feu de bois.
Couper des tranches de pain de 2 ou 3 cm d'épaisseur.
Dans une assiette creuse, mélanger œufs, lait et sucre avec une fourchette.
Tremper les tartines dans la préparation, retourner les tartines et leur laisser le temps de s'imprégner à cœur.
Empiler les tartines les unes sur les autres, les retourner, et inverser leur ordre (la tartine du haut passe en bas), pour que toutes soient en contact avec la préparation liquide). Plus le pain est rassis, plus les tartines sont épaisses et plus il faut de temps pour que la préparation pénètre en profondeur.
Mettre de la matière grasse dans la poêle et faire cuire les tranches de pain, les retourner quand elles sont dorées.
Servir le pain perdu tiède avec un peu de sucre ou de confiture.

Ne conservez pas le pain dans un sac plastique « étanche », car il devient mou et élastique. Il ne doit pas non plus être en contact avec l'eau, il l'absorberait et serait détrempé.

Quand le pain est encore sur le feu, l'arroser d'alcool fort (rhum ou whisky) et le faire flamber : il prend alors une autre dimension !

La banique

Le pain n'est pas toujours facile à transporter et à conserver, mais il suffit d'un peu de farine pour se faire sa propre fournée. Ma technique de cuisson préférée est celle des trappeurs nord-américains. Je l'avais découverte enfant dans mon livre de chevet, *Le guide du trappeur* (de Paul Provencher): la banique.

eau
farine
levure déshydratée
sel

Matériel: contenant, bâton

Il suffit de mélanger la farine avec de l'eau, un peu de sel, et de la levure déshydratée (facultative). Laisser reposer la pâte avant de la cuire.

Il faut étirer la pâte, l'enrouler sur un bâton en une couche de 2 ou 3 cm d'épaisseur, cuire au-dessus de la braise en le tournant très régulièrement, pendant environ 45 minutes.

LES BONNES ADRESSES

Fromagerie Escudier
Point du Jour
Augustin Denous est crémier fromager, un passionné de fromages qui aime aussi la vie au grand air et les bons repas en bivouac. Il saura choisir les meilleurs fromages pour un départ en bivouac.
44 rue Escudier,
92100 Boulogne Billancourt

La ferme de Bois Joubert
pour ceux qui voudraient réaliser la trapiflette d'origine, rien de tel que de choisir l'excellente tomme jeune de la ferme de Bois Joubert. La ferme est située sur le territoire du Parc naturel régional de Brière ; c'est dans cet environnement préservé que la famille Guérin-Ferrandini produit des fromages à partir du lait des vaches bretonnes Pie-Noire.
Le Bois Joubert,
44480 Donges

Le Jardin de la mer
Jean-Marie et Valérie Pédron sont deux passionnés cueilleurs d'algues sur la côte sauvage de la presqu'île guérandaise. On retrouve leurs algues sur les tables de nombreux restaurants gastronomiques à travers toute la France. Ils accueillent du public et organisent des ateliers de cuisine aux algues, où l'on apprend à les préparer, les conserver et les cuisiner.
Saline Saint-Goustan
5, rue Raymond-Poincaré
44490 Le Croisic
Tél. : 09 75 75 84 07
contact@LesJardins-DeLaMer.fr

Le Morta Atelier JHP
Tous les manches des couteaux de l'atelier JHP, cette petite équipe de couteliers passionnés, sont réalisés en morta — en troncs de chêne enfouis depuis des millénaires dans le sol tourbeux des marais de Grand Brière. Ce sont de beaux couteaux solides et ayant une âme.
Le couteau morta va au-delà du simple objet, c'est un réel plaisir de l'avoir en main et de l'utiliser.
J'ai imaginé un couteau qui correspondait à mes besoins et l'atelier a réalisé le Trappeur, un modèle particulièrement adapté à la vie et à la cuisine en plein air.
www.couteaux-morta.com/collection-de-couteaux/couteau-morta-trappeur/

Petromax
Spécialiste de la fonte, Petromax propose une multitude de poêles, popotes, marmites pour cuisiner sur le feu de bois.
www.petromax-shop.de

Pyrene Bushcraft
La référence en France pour le matériel bushcraft et rando nature !
Franck, un passionné de vie en extérieur, sélectionne du matériel de qualité : couteaux, allume-feu, réchauds à bois, popotes pour cuisiner au feu de bois, vaisselle, gourdes, vêtements, sacs de couchage, tentes tipi, de randonnée, tarps, poêles à bois pour les amateurs de camping hivernal.
www.pyrene-bushcraft.com

Resilience nordic
Ce site propose du matériel pour cuisiner, de la vaisselle, des préparations et produits lyophilisés (un excellent bœuf jerky !).
www.resiliencenordic.fr

Tente tipi Tschum
Chaque année, ce couple allemand fabrique une petite série de tentes en forme de tipi pouvant recevoir un poêle, idéal pour ceux qui veulent cuisiner dans la nature au cœur de l'hiver.
www. info@tschum.de

REMERCIEMENTS

Cécile, pour son énergie et son soutien.

Mon ami Bacchus qui ne se contente pas d'être un dieu.

Mes amis Gégé, Polo et Yvan plus connus sous le nom « Des coureurs de rivières », camarades de bivouacs, testeurs de la cuisine du trappeur et des boissons fermentées.

Yves Fagniart, capable de préparer des croque-monsieur sur la braise et de garder sa bonne humeur et son humour quand la température sous la tente descend sous -15 °C.

Franck Latraube, passionné d'oiseaux et de nature mais aussi le spécialiste de la bernique farcie sur la braise.

Augustin Denous, fromager passionné mais surtout pêcheur de carpe expérimental.

Jean-Henri Pagnon, coutelier de talent qui a donné vie au couteau Trappeur, un rêve d'enfant.

Merci enfin à Antoine Isambert des Éditions Ulmer, qui, encore une fois, fait confiance à mon travail.

Guillaume Duprat et Raphaèle Dorniol pour leur travail de précision avec les mots et les images.

La pluie, la brume, le froid, le vent mais encore plus les rayons de soleil, le bois sec, les lacs riches en beaux poissons, les forêts où poussent cèpes et girolles, le feu qui crépite et réchauffe et tous ces bons moments qui rythment ma vie et me font vivre ces petits et grands bonheurs en extérieur.

33, rue du Faubourg Montmartre
75009 Paris
Tél.: 0148050303
www.editions-ulmer.fr

Responsable éditoriale: Raphaèle Dorniol
Maquette: Guillaume Duprat
Impression: Printer Trento, srl
ISBN: 978-2-37922-172-9
N° d'édition: 172-01

Retrouvez-nous sur Facebook et Instagram

Dépôt légal: octobre 2022
Imprimé en Italie